The most difficult problem ever:
Igo Hatsuyoron 120

Thomas Redecker

unter Mitwirkung von / with the participation of

Joachim Meinhardt
Harry Fearnley

BRETT UND STEIN
VERLAG

Der Adler kennt seine Macht

The eagle knows its power

Bibliografische Information der Deutschen Nationalbibliothek
Die Deutsche Nationalbibliothek verzeichnet diese Publikation in der Deutschen Nationalbibliografie; detaillierte bibliografische Daten sind im Internet über http://dnb.d-nb.de abrufbar.

Den japanischen Gepflogenheiten und der in Ostasien üblichen Reihenfolge entsprechend, wird bei Personennamen stets der Familienname dem persönlichen Namen vorangestellt.

ISBN 978-3-940563-18-7

© 2011, Brett und Stein Verlag, Gunnar Dickfeld, Frankfurt a.M.

Alle Rechte, auch die des auszugsweisen Nachdrucks, der fotomechanischen Wiedergabe und der Übersetzung, vorbehalten. Dies betrifft auch die Vervielfältigung und Übertragung einzelner Textabschnitte durch alle Verfahren wie Speicherung und Übertragung auf Papier, Transparente, Filme, Bänder, elektronische und andere Medien, soweit es nicht §§ 53 und 54 URG ausdrücklich gestatten.

Umschlaggestaltung:	HAMMERGEIGEROT
Druck:	Books on Demand GmbH, Norderstedt

 Die Diagramme in diesem Buch wurden erstellt mit SmartGo^{TM}: http://www.smartgo.com/de

Printed in Germany

Inhaltsverzeichnis

Das Problem	7
Unsere Lösung	8
Igo Hatsuyoron 120 – Neubeurteilung durch Amateure	9
Der Referenzpfad	11
Varianten zum Referenzpfad	19
Schlüssel-Ergebnisse	51
Der entscheidende Moment	63
Versteckte Aspekte des Oki	69
Guzumi rechts oben	75
Weitere Erkenntnisse	87
Nach dem Guzumi – Unsere Lösung	91
Über Annäherungszug-Freiheiten	119
Über Hanezeki	123
Eine Zusammenfassung unserer Lösung	127
Danksagung	135
Quellenangaben	137
Postskript	138
Glossar	139

Table of Contents

The Problem	7
Our Solution	8
Igo Hatsuyoron – Re-Evaluation by Amateurs	9
The Reference Path	11
Variations of the Reference Path	19
Key Results	51
The Decisive Moment	63
Hidden Aspects of the Oki	69
Guzumi at Top Right	75
Additional Results	87
After the Guzumi – Our Solution	91
About Approach-Move Liberties	119
About Hanezeki	123
A Summary of Our Solution	127
Acknowledgements	135
References	137
Postscript	138
Glossary	139

Legende
Legend

(📄 111)	Nähere Erläuterungen finden sich auf Seite 111. Further details can be found on page 111.

<222/333>	Es gibt 222 schwarze und 333 weiße geschlagene Steine. There are 222 black, and 333 white, captured stones.

●555 / ○666	Zug von Schwarz mit Nummer 555 / Zug von Weiß mit Nummer 666. Black's move number 555 / White's move number 666.

● / ○ 999 (↳ 📄 111)	Eine Variante zum Zug Schwarz/Weiß 999 findet sich auf Seite 111. A variation for move Black/White 999 can be found on page 111.

● / ○ 999 ↳	Variante zu Zug Schwarz/Weiß 999. Variation for move Black/White 999.

VAR ● / ○ 999 ↳ ● / ○ 777 ↳	Variante zu Zug Schwarz/Weiß 777 in der Variante zu Zug Schwarz/Weiß 999. Variation for move Black/White 777 within the variation for move Black/White 999.

& / %	Schwarzer / weißer Gebietspunkt. Black / white point of territory.

#	Weißer Gebietspunkt, zusätzlich wird ein schwarzer Gefangener gezählt. White point of territory; additionally, a black prisoner is counted.

Das Problem
The Problem

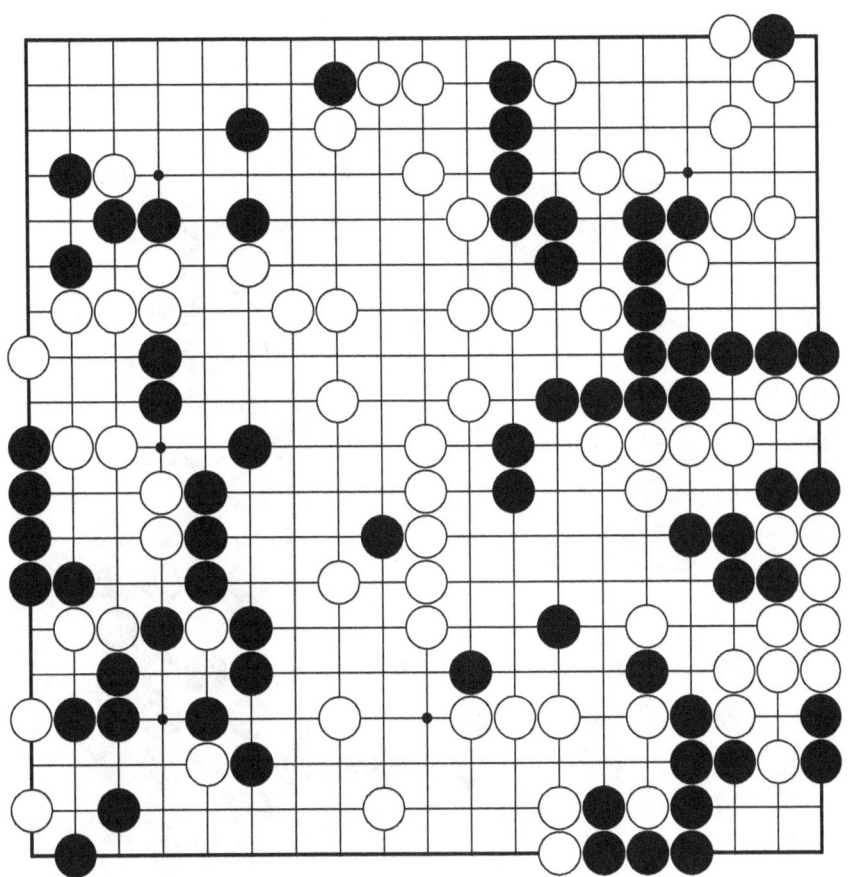

Schwarz am Zug
(und gewinnt?)

Black to play
(and win?)

Unsere Lösung
Our Solution

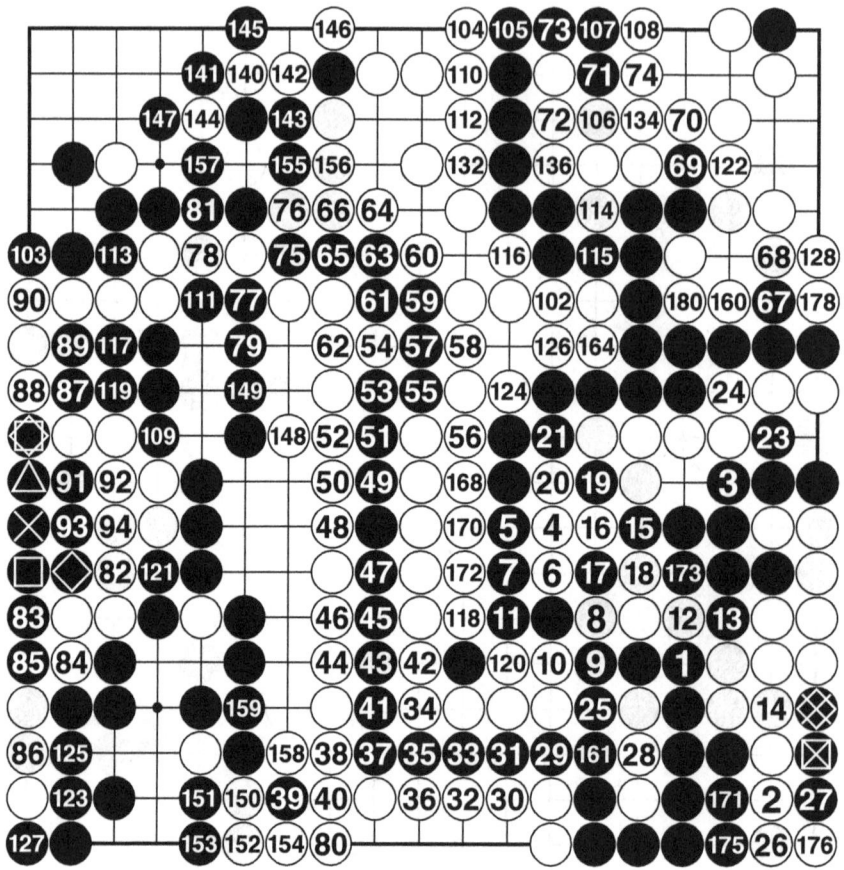

○22 @ 19; ●95 @ ▲; ○96 @ ●; ●97 @ 93; ○98 @ 85;
●99 @ ■; ○100 @ 91; ●101 @ ✖; ●129 @ ◆; ○130 @ 83;
●131 @ ✖; ●133 @ ▲; ●135 @ 93; ●137 @ ■; ○138 @ ◆;
●139 @ ✖; ○162 @ 28; ●163 @ ▲; ●165 @ 93; ○166 @ ■;
●167 @ ✖; ●169 @ ▲; ○174 @ 17; ●177 @ ⊠; ●179 @ ✱;
●181 @ 27

Schwarz gewinnt mit drei Punkten (oder vier?)

Black wins by three points (or four?)

Igo Hatsuyoron 120 – Neubeurteilung durch Amateure
Igo Hatsuyoron 120 – Re-Evaluation by Amateurs

Das Igo Hatsuyoron ist eine klassische japanische Sammlung von Go-Problemen, geschrieben im Jahre 1713. 1982 publizierte Fujisawa Hideyuki 9p das "verlorene" Problem 120 (von Araki Naomi in einer alten Ausgabe gefunden) und erarbeitete mit seiner Studiengruppe eine Lösung. Die wesentlichen Ergebnisse wurden ebenfalls in Heft 29 der Go World, Ausgabe Herbst 1982, veröffentlicht.

Weitere Lösungsvorschläge finden sich heutzutage sowohl in Chinesisch (Weiqi Fayanglun) als auch in Koreanisch (Wiki Balyangron), nicht nur in Büchern, sondern auch im Internet. Die dabei als "korrekt" ausgewiesenen Zugfolgen unterscheiden sich voneinander jeweils in einigen Details.

Allen gemeinsam ist eines: Zu einem sehr kritischen Zeitpunkt berücksichtigen sie nicht die stärkste weiße Gegenwehr. Diese Tatsache wurde nach mehrjähriger Arbeit von Joachim Meinhardt, einem deutschen Kyu-Spieler, aufgedeckt und im Jahr 2005 von mir in der Deutschen Go-Zeitung unter der Überschrift "The really most difficult Go problem ever" publiziert. Es bedeutet, dass das Ziel des Problems "Schwarz zieht und gewinnt" nicht erreicht wurde.

Im Jahr 2007 war Yamada Shinji 5p so freundlich, sich auf Anregung durch Benjamin Teuber 6d mit Joachims Ergebnis zu beschäftigen. Yamada Shinji fand dabei eine weitere Verbesserung für Weiß und damit weitere Probleme für Schwarz.

Am Ende des Jahres 2007 entdeckte ich einen Zug für Schwarz, der in der Literatur bis dato nicht erwähnt wurde. Dieser Zug, ein Guzumi, bringt Schwarz einen Vorteil von drei Punkten. Vielleicht kann das wieder den Weg zu einem schwarzen Sieg ebnen?

Auf dem Europäischen Go-Kongress in Leksand 2008 sprach ich mit dort anwesenden Profis über unsere Erkenntnisse. Leider gingen die Profis nicht weiter darauf ein, da sie heutzutage anscheinend mit wichtigeren Dingen als der Lösung klassischer Go-Probleme beschäftigt sind.

The Igo Hatsuyoron is a classic Japanese collection of Go problems, written in 1713. In 1982, Fujisawa Hideyuki 9p published the "lost" problem 120 (found by Araki Naomi in an old edition), and produced a solution with his study group. The main results were also given in an English-language article in Go World, Autumn 1982-issue, edition 29.

Several other proposed solutions can be found today, in both Chinese (Weiqi Fayanglun), and Korean (Wiki Balyangron), not only in books, but also on the Internet. The sequences reported as "correct" differ from each other in some details.

They all share one thing: At a very critical moment they do not take into account the strongest resistance by White. This fact was uncovered by Joachim Meinhardt, a German kyu-player, after several years of work, and published by me in 2005 in the Deutsche Go-Zeitung (= German Go-Journal) under the headline "The really most difficult Go problem ever". It said that the goal of "Black to play, and win" had not been reached.

In 2007, at the suggestion of Benjamin Teuber 6d, Yamada Shinji 5p was kind enough to spend some of his valuable time on Joachim's finding. Yamada Shinji found a further improvement for White, making more problems for Black.

At the end of 2007, I discovered a move for Black, which was not mentioned in the literature to date. This move – a Guzumi – gains three points for Black. Perhaps it can re-open the path to a win for Black?

At the European Go-Congress in Leksand 2008, I spoke to several professionals about our findings. But they were absolutely not responsive to me. Nowadays professionals seem to have other things to do that are probably far more important for them than solving classical Go problems.

In den Folgejahren beschäftigte ich mich intensiv mit den Varianten nach meinem Guzumi. Yoon Young-Sun 8p war so freundlich, mir für einige wesentliche davon Hinweise zum korrekten Endspiel zu geben.

Im Jahr 2009 brachte Harry Fearnley aus Großbritannien einen Folgezug ins Spiel, der Schwarz, in Verbindung mit dem Guzumi, einen weiteren Vorteil von vier Punkten beschert (in einer der beiden maßgeblichen Hauptvarianten).

Dieses Buch ist eine Zusammenfassung unserer Arbeit und des unseres Wissens nach bis Mitte 2010 Publizierten.

Wir beginnen mit der Vorstellung der fortgeschriebenen Lösung von Fujisawa und ihrer Varianten, also einer Abfolge mit professionell abgesicherten besten Zügen für beide Seiten, die mit einem Zwei-Punkte-Gewinn für Weiß endet. Anschließend stellen wir die Schlüssel-Ergebnisse komprimiert dar, beschreiben die Auswirkungen des von Joachim gefundenen Zuges und gehen dann zur Analyse meines Schlechte-Form-Zuges über. Unsere Lösung findet sich am Anfang dieses Analyse-Kapitels.

Den Abschluss des Buches bilden Erläuterungen zu besonderen Strukturelementen des Problems. Mancher Leser mag die Kapitel über Annäherungszug-Freiheiten oder über Hanezeki außerhalb der Reihe lesen wollen, sobald er diesen Themen im Buch begegnet.

Bei Bestätigung unserer amateurhaften Erkenntnisse zum Guzumi würde Schwarz mit drei Punkten gewinnen.

Mein besonderer Dank geht an Gunnar Dickfeld, der es uns ermöglichte, unsere Ergebnisse in einem Buch dieses Formats zu veröffentlichen.

Wir hoffen, dass dieses Buch hilft, eine verlässliche Lösung dieses schwierigsten aller Go-Probleme zu finden. Über Kommentare und Hinweise wären wir hocherfreut. Bitte nutzen Sie dazu unsere Website, auf der Sie auch viele weitere Details finden.

Berlin, im Juni 2011

Thomas Redecker

In the following years I worked intensively on the variations following my Guzumi. Yoon Young-Sun 8p was kind enough to give me the correct endgame sequences for some essential ones.

In 2009, Harry Fearnley from the United Kingdom brought a follow-up move into play that, combined with the Guzumi, gives Black a further gain of four points (in one of two significant main variations).

This book provides a summary of our work, and what we knew to have been published up to mid 2010.

We start by presenting the updated solution of Fujisawa, and its variations, which is a sequence of professionally validated best moves for both sides, ending with a two point victory for White. Subsequently, we present the key results in a condensed form, describing the impact of the move found by Joachim. We then proceed to the analysis of my bad shape move. Our solution is given at the beginning of this analysis chapter.

The latter part of the book describes special structural elements of the problem. Some readers may want to read the chapters on approach-move liberties, or on Hanezeki, out of sequence, as they first encounter these topics in the book.

If our amateur findings about the Guzumi become validated, Black would win by three points.

Special thanks go to Gunnar Dickfeld, who has made it possible for us to present our findings in a book with this format.

We hope this book helps to find a reliable solution to this most difficult of all Go problems. We would be delighted to receive any comments, criticisms, or suggestions. Please do this via our website, where you can also find much more detail.

Berlin, June 2011

Thomas Redecker

Der Referenzpfad
The Reference Path

Wir zeigen hier die professionell bestätigte Abfolge mit den besten Zügen für beide Seiten. Weiß gewinnt mit zwei Punkten. **Es ist zu beachten, dass diese Abfolge nicht unsere Lösung des Problems darstellt und primär als Referenz dient.** Gleichwohl ist es wichtig, dass Sie die wesentlichen Zugfolgen und Varianten verstanden haben, bevor Sie die weiterführenden Kapitel des Buches lesen.

Here we show the professionally confirmed sequence with the strongest moves for both sides. White wins by two points. **It should be noted that this sequence is not our solution to the problem, and primarily serves as a reference.** However, it is important that you understand the key sequences and variations, before you read the more detailed chapters of the book.

Der Weg zum Hanezeki
The Road to Hanezeki

●1:

Die schwarze Gruppe rechts oben hat noch keine zwei Augen. Die Abfolge startet rechts unten.

Black's group at upper right does not have two eyes yet. The sequence starts in the lower right corner.

○4:

Weiß versucht zu entkommen und damit die große schwarze Gruppe abzuschneiden und zu töten. Andere weiße Versuche dazu (zum Beispiel mit Start auf **5, 6, 7, 8, 9, 16** oder **17**), scheitern schneller.

White tries to escape, and thus cut off, and kill, the big black group. White's other attempts to do this (for example starting at one of **5, 6, 7, 8, 9, 16,** or **17**) fail more badly.

<1/0>

●17: (↻ 📄 19)

Schwarz muss einwerfen, um weiße Freiheiten zu reduzieren.

Black must throw in to reduce White's liberties.

●19:

Es wird kommentiert, dass Schwarz nicht zum zweiten Mal auf **20** einwerfen darf. Eine Diskussion zu diesem Aspekt startet auf 📄 88.

The commentaries say that Black must not throw-in a second time at **20**. A discussion on this topic starts on 📄 88.

Der Referenzpfad

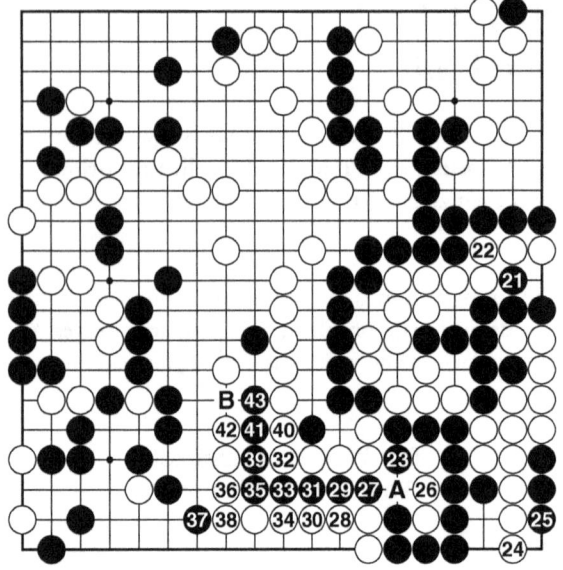

●**21**: (↩ 📄 20)
Der Austausch von ●**21** und ○**22** sichert Schwarz einen Vorteil von zwei Punkten und sollte jetzt gespielt werden.

The exchange of ●**21** and ○**22** secures Black an advantage of two points, and should be played now.

●**23**: (↩ 📄 24)
Schwarz kann stattdessen nicht auf **24** spielen.

Black cannot play at **24**, instead.

○**24**: (↩ 📄 24)
Weiß kann stattdessen nicht auf **25** spielen.

White cannot play at **25**, instead.

●**27**: (↩ 📄 25)
Schwarz kann die drei weißen Steine nicht mit **A** schlagen.

Black cannot capture White's three stones with **A**.

○**28**: (↩ 📄 26)
Weiß kann nicht Atari geben (auf **29**). Das trifft gleichermaßen für ○**30** und ○**32** zu.

White cannot give Atari at **29**. Similarly, later she cannot give Atari with ○**30**, or ○**32**.

●**37**:
Dieser Zug ist ein wichtiges Kikashi.

This move is an important Kikashi.

○**42**: (↩ 📄 27)
Weiß kann stattdessen nicht Geta auf **B** spielen. Gleichermaßen ist ihr ein Geta mit den Zügen von ○**46** bis ○**64** verwehrt.

White cannot play Geta at **B**, instead. Similarly, she cannot play Geta with her moves from ○**46** to ○**64**.

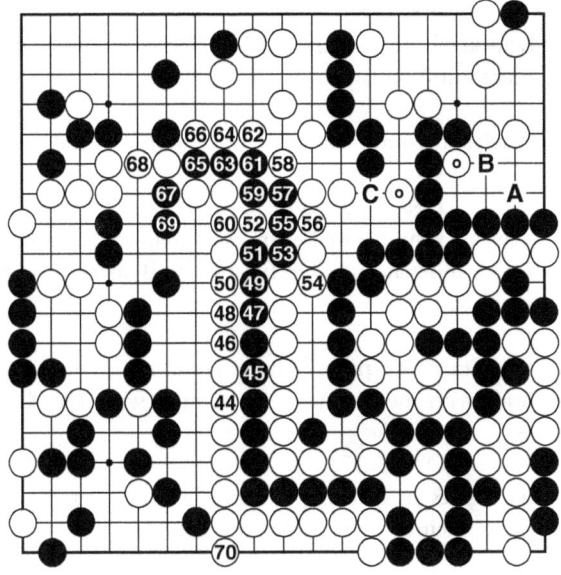

○**44**: (↩ 🗎 28)
Weiß kann Schwarz nicht auf **45** blocken.

White cannot block Black's path at **45**.

○**60**: (↩ 🗎 29)
Weiß kann nicht auf **61** blocken, denn das resultierende Ko gewinnt Schwarz.

White cannot block at **61**, because it will be Black who wins the resulting Ko.

●**63**: (↩ 🗎 30)
Für Schwarz ist es suboptimal, die weißen Gruppen mit **64** zu trennen. Allerdings könnte anschließend eine interessante, neue Seki-Variante entstehen.

It is sub-optimal for Black to separate White's groups with **64**. However, an interesting, and new, Seki variation could then arise.

●**65**: (**A** ↩ 🗎 91)
Spielt Schwarz hiermit Guzumi auf **A**, so gewinnt er.

If Black plays Guzumi at **A** instead, he wins.

(**B** ↩ 🗎 32 / **C** ↩ 🗎 32)
Schwarz verliert zwei Züge beim Versuch, durch Fangen eines der ⊙-Steine ein Auge zu bekommen.

Black loses two moves, should he try to get an eye by capturing one of the ⊙-stones.

●**67**:
Schwarz ist jetzt eingeschlossen und muss schneiden.

Black is shut in now, and must cut.

●**69**:
Schwarz muss den Schnittstein retten.

Black must save the cutting stone.

○**70**: (↩ 🗎 32)
Weiß muss am unteren Rand leben. Weiß wird das Semeai nicht gewinnen, das sie auf **A** beginnt.

White must live on the lower side. White will not win the Semeai starting with **A**.

13

Der Referenzpfad

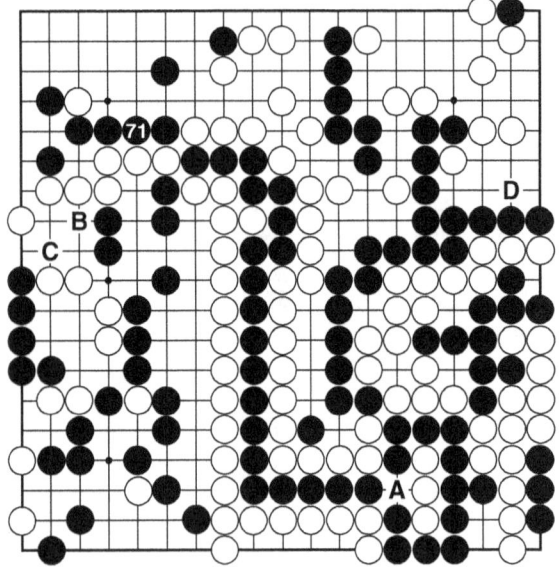

●**71:** (**A** ↪ 📄 34)
Schwarz kann die drei weißen Steine immer noch nicht mit **A** schlagen.

Black still cannot take three white stones with **A**.

(**B** ↪ 📄 35 / **C** ↪ 📄 36)
Schwarz kann die weiße Gruppe am linken Rand mit einem anderen Zug, zum Beispiel auf **B** oder **C**, nicht schneller fangen.

Black cannot capture White's group on the left any faster with another move, for example with **B**, or **C**.

(**D** ↪ 📄 37)
Jetzt ist es zu spät, das Guzumi **D** zu spielen. Weiß gewinnt einen Zug durch ihre Antwort auf **71**.

It is now too late to play Guzumi at **D**, since White gains a move with her answer at **71**.

Das Semeai rechts oben vs. linke Seite
The Semeai Top Right Corner vs. Left Side

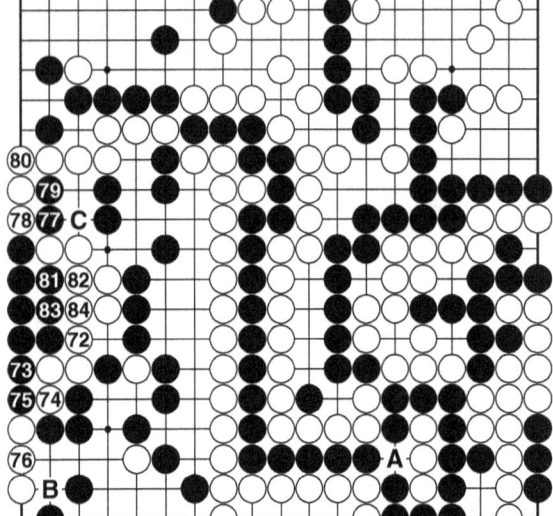

○**72:** (↪ 📄 37)
Weiß sollte die schwarze Zentrumsgruppe nicht mit **A** schlagen.

White should not capture Black's group with **A**.

●**77:** (↪ 📄 38)
Schwarz darf die drei weißen Steine nicht mit **B** fangen.

Black must not capture White's three stones with **B**.

○**78:** (↪ 📄 39)
Weiß kann nicht auf der dritten Reihe mit **C** durchbrechen.

White cannot break through on the third line at **C**.

●**81:** (↪ 📄 39)
Schwarz kann nicht auf **83** spielen.

Black cannot play at **83**.

○82: (↻ 📄 40)
Weiß kann nicht auf **83** spielen.

White cannot play at **83**.

●83:
Schwarz hat ein Nakade geschaffen, übergroß, jedoch mit Schnittpunkten.

Black has created a Nakade – oversized, but with cutting points.

○84:
Weiß schlägt neun Steine, kann jedoch keine zwei Augen bekommen.

White captures nine stones, but cannot get two eyes.

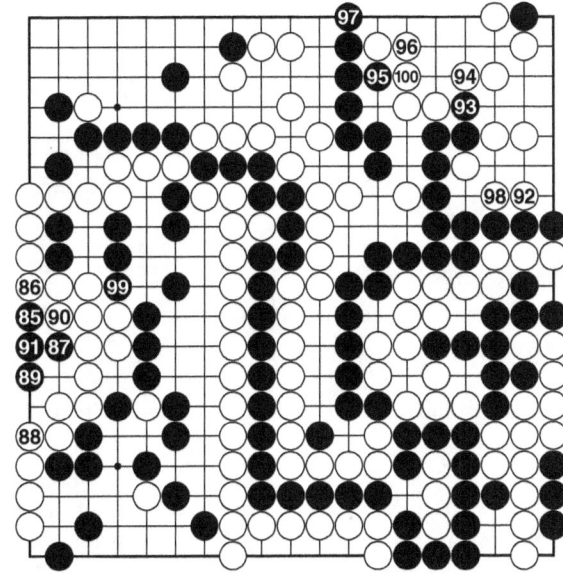

●85: (↻ 📄 40)
Es gibt keine andere Möglichkeit, zwei Augen zu verhindern.

There is no other way to prevent two eyes.

○90:
Es besteht keine Notwendigkeit, dieses Atari sofort zu spielen. Vielleicht wäre es besser für Weiß, jetzt auf **92** zu spielen, um die Komplikationen eines "späten" Guzumi zu vermeiden.

There is no need to play this Atari immediately. Perhaps it might be better for White to play at **92** now, to prevent the complications of a "late" Guzumi.

●93, ●95, ●97:
Jeder dieser Züge reduziert das weiße Gebiet um zwei Punkte.

Each move reduces White's territory by two points.

●99: (↻ 📄 41)
Schwarz kann nicht rechts oben fortsetzen.

Black cannot continue in the top right corner.

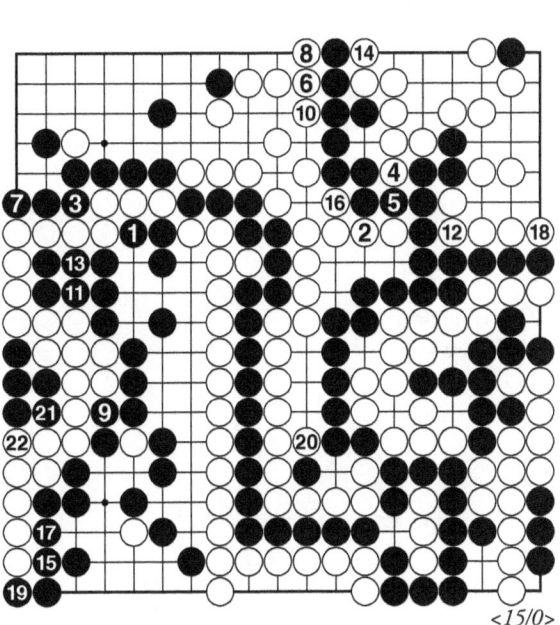

<15/0>

Der Referenzpfad

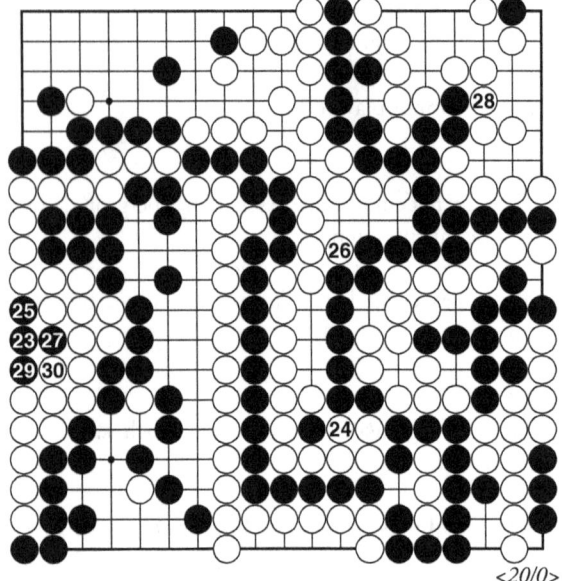
<20/0>

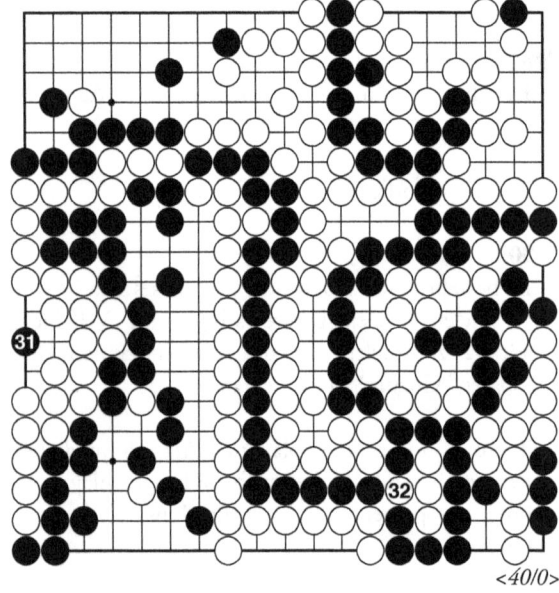
<40/0>

● **131**: (↪ 🗎 43)
Schwarz kann die drei weißen Steine nicht mit **132** schlagen.

Black cannot capture White's three stones with **132**.

○ **132**: (↪ 🗎 44)
Jetzt schlägt Weiß die schwarze Zentrumsgruppe. Dieser Zug war lange Zeit als unvorteilhaft für Weiß eingeschätzt worden.

White captures Black's centre group now. For a long time, this move has been assessed to be disadvantageous for White.

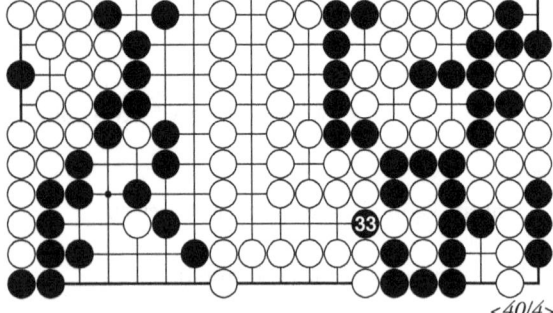
<40/4>

● **133**:
Schwarz schlägt zurück.

Black recaptures.

The Reference Path

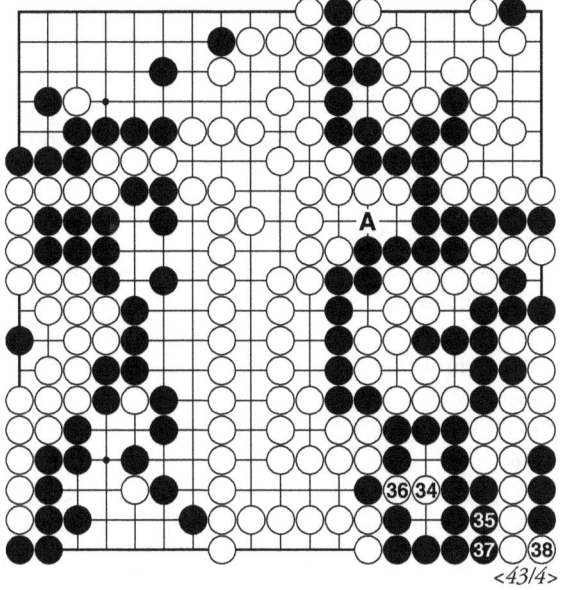

○**134**: (↻ 📄 43)
Weiß muss dieses Oki spielen. Stattdessen rechts oben das Semeai mit **A** fortzusetzen, verliert vier Punkte.

White must play this Oki. Continuing the Semeai at top right, with **A**, instead loses four points.

Das restliche Endspiel
Remaining Endgame

○**142**: (↻ 📄 44)
Das Tsuke von Yamada Shinji 5p ist nun möglich, da die weiße Gruppe links sicher lebt. Im Vergleich zur Fujisawa-Lösung (📄 21) gibt es Weiß einen lokalen Vorteil von einem Punkt.

The Tsuke of Yamada Shinji 5p is possible now, because White's group on the left is definitely alive. Compared to the Fujisawa solution (📄 21), it gives White a gain of one point, locally.

●**143**: (↻ 📄 48)
Schwarz kann sich nicht mit einem Zug auf **144** wehren.

Black is unable to resist with a move at **144**.

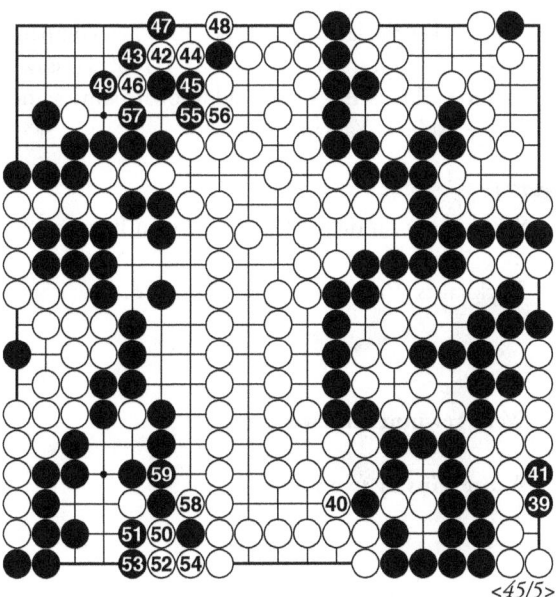

●**155**: (↻ 📄 48)
Die Reihenfolge der Züge ist wichtig. Schwarz sollte jetzt nicht auf **158** verbinden.

The order of moves is important. Black should not connect at **158** now.

○**156**:
Weiß schließt Gebiet in Vorhand ab. Das ermöglicht es Weiß, später einen weiteren Punkt im Zentrum zu erzielen.

White encloses territory, in Sente, now. This will enable White to take another point in the centre later.

Der Referenzpfad

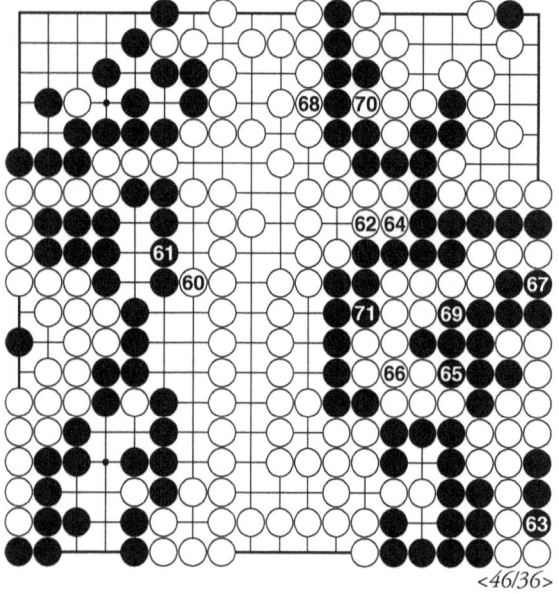

<46/36>

○**160**: (↶ 🗎 49)
Dieser Zug ist Vorhand. Er verhindert einen weiteren schwarzen Gebietspunkt darunter.

This move is Sente. It prevents one point of territory for Black below.

●**161**: (↶ 🗎 50)
Schwarz muss verbinden, andernfalls bekäme Weiß drei Punkte in Vorhand.

Black must connect, or White gets three points in Sente.

○**162**:
Weiß nimmt sich den letzten wertvollen Punkt. Das ist der zweite zusätzliche Punkt, der durch das Tsuke von Yamada Shinji 5p gewonnen wird, verglichen mit Fujisawas Schlag-Variante (🗎 51).

White takes the last valuable point. When compared with the Capture variation (🗎 51) of Fujisawa's solution, this is the second additional point gained by the Tsuke of Yamada Shinji 5p.

●**171**:
Schwarz nimmt die weißen Steine vom Brett.

Black takes White's stones off the board.

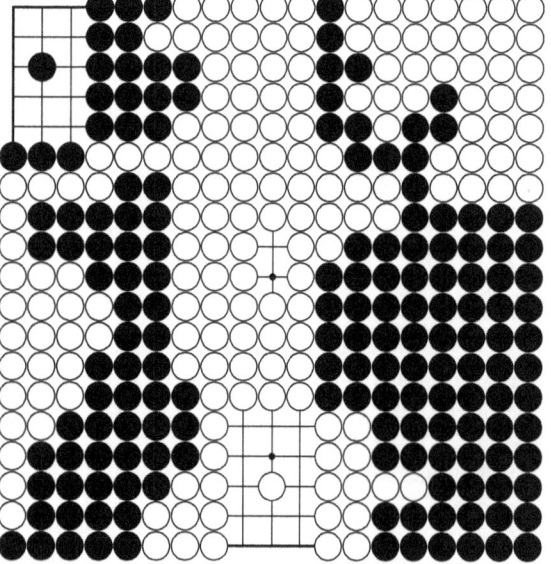

Weiß gewinnt mit zwei Punkten.

White wins by two points.

Varianten zum Referenzpfad
Variations of the Reference Path

VAR ●17

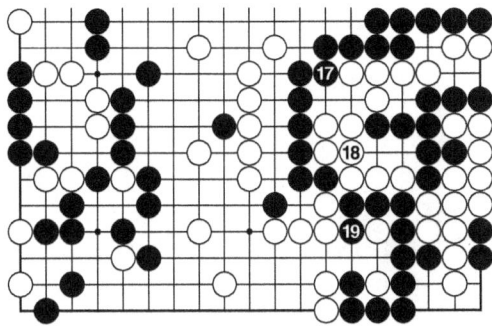

●17:
Schwarz verzichtet auf das Einwerfen auf **18**.

Black does without the Throw-in at **18**.

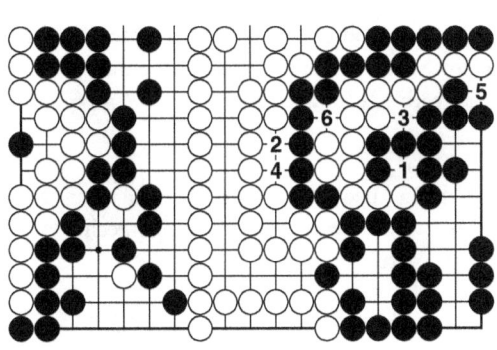

Am Ende des Semeai hat die weiße Gruppe vier Freiheiten (**1, 3, 5, 6**), die schwarze Gruppe nur drei Freiheiten (**2, 4, 6**). Schwarz kommt einen Zug zu spät.
Weiß gewinnt.

At the end of the Semeai, White's group has four liberties (**1, 3, 5, 6**), and Black's group has only three liberties (**2, 4, 6**). Black is one move behind.
White wins.

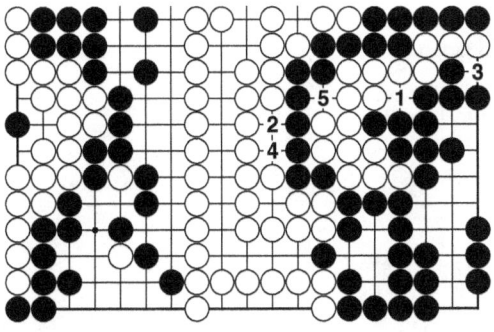

Nach korrektem Einwerfen haben beide Seiten jeweils drei Freiheiten (**1, 3, 5** vs. **2, 4, 5**). Schwarz gewinnt das Semeai.

After the correct Throw-in, both sides have three liberties each (**1, 3, 5** vs. **2, 4, 5**). Black wins the Semeai.

Varianten zum Referenzpfad

VAR ●21

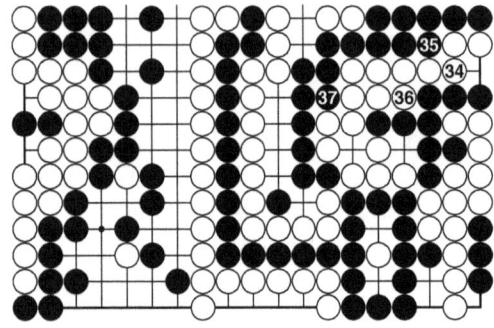

●**21**:
Schwarz folgt dem Referenzpfad, ohne vorher Schwarz **A** gegen Weiß **B** abzutauschen.

Black follows the Reference Path, without exchanging Black **A** - White **B** beforehand.

○**134**, ○**136**:
In der Fujisawa-Lösung (📄 21) kann Weiß diese Züge zu verschiedenen Zeitpunkten in Vorhand spielen, zum Beispiel mit ○**134** und ○**136**.

In the Fujisawa solution (📄 21), White can play these moves in Sente at many points in the game – for example with ○**134**, and ○**136**.

●**135**:
Dieser Stein bedeutet einen Verlust von zwei Punkten, wenn die schwarze Gruppe rechts oben geschlagen wird.

This stone will be a loss of two points, if Black's group in the top right is captured.

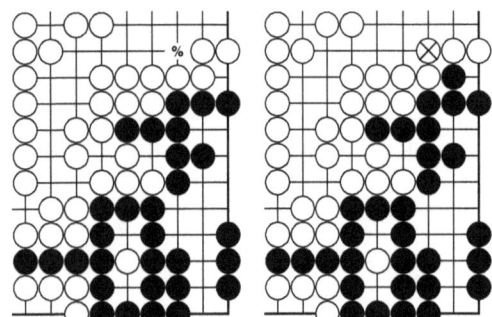

Weiß gewinnt zwei Punkte in Sente.

White gains two points in Sente.

Variations of the Reference Path

Die Lösung in der Go World (1982)
The Solution in Go World (1982)

○**22**:

Die im Go-World-Artikel dargestellte "Fujisawa-Lösung" von Fujisawa Hideyuki 9p setzt sich wie hier gezeigt fort.

The "Fujisawa solution" by Fujisawa Hideyuki 9p, and published in the Go World article, follows this sequence.

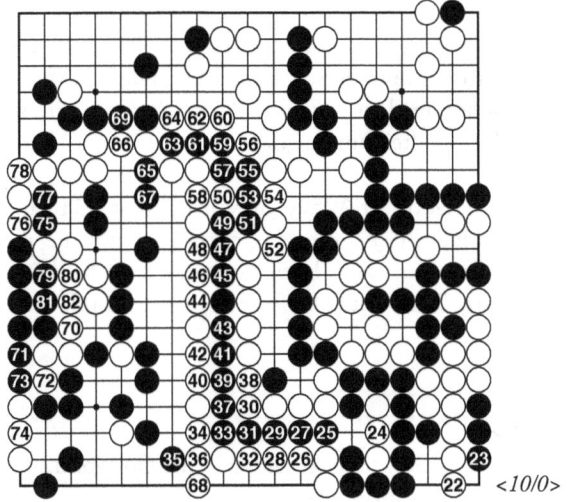

<10/0>

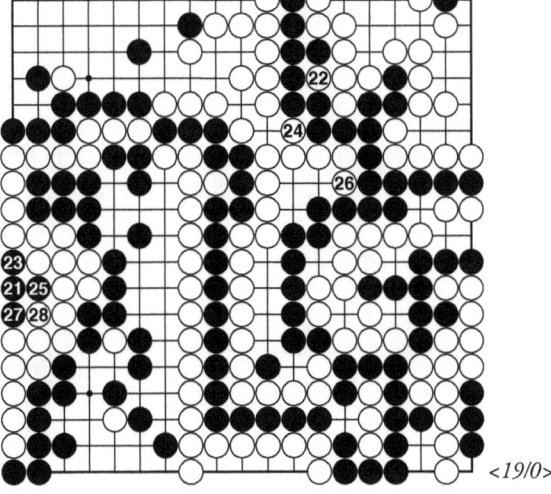

<15/0>

<19/0>

Varianten zum Referenzpfad

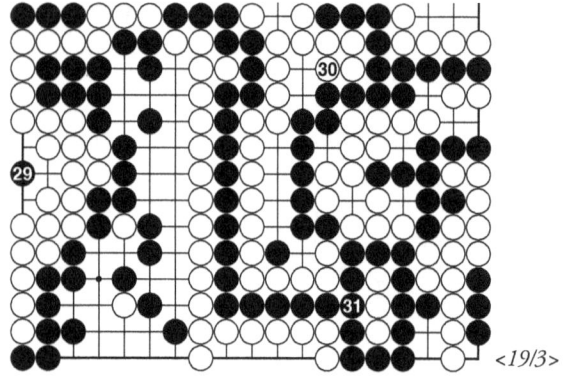
<19/3>

○**130**:

Die Variante, jetzt mit einem Zug auf **131** die schwarze Zentrumsgruppe zu schlagen, wird in der Go-World als suboptimal dargestellt (📄 51 / 52), denn Schwarz würde um drei Punkte besser abschneiden.

The variation of White now playing at **131**, and capturing Black's centre group, is shown in the Go World article as being suboptimal (📄 51 / 52), because Black would be three points better off.

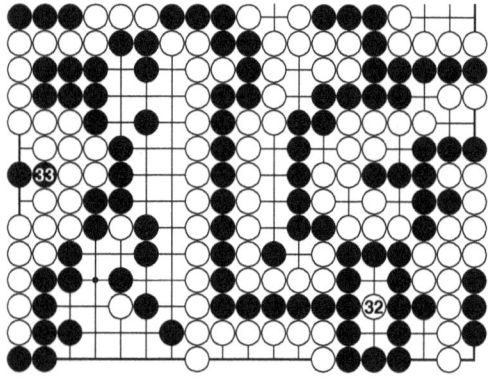

●**133**:

Hiermit endet die Darstellung in der Go World. Der weitere Ablauf wäre dann wie folgt.

This move ends the Go World sequence. The continuation should be as follows.

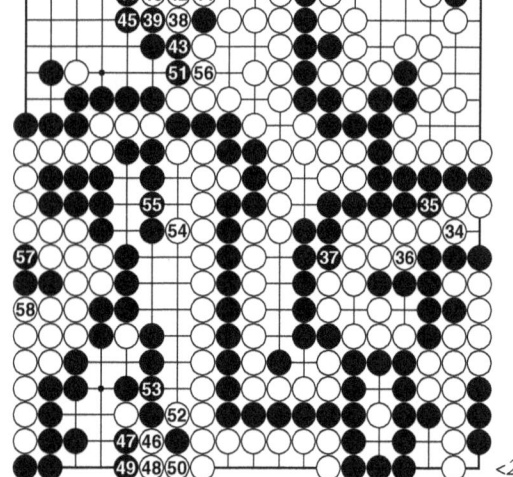
<24/3>

○**134**:

Weiß besetzt jetzt den Punkt, den Schwarz viel früher hätte nehmen sollen.

White now occupies the point Black should have taken much earlier.

●**135**:

Schwarz verliert zwei Punkte.

Black loses two points.

Variations of the Reference Path

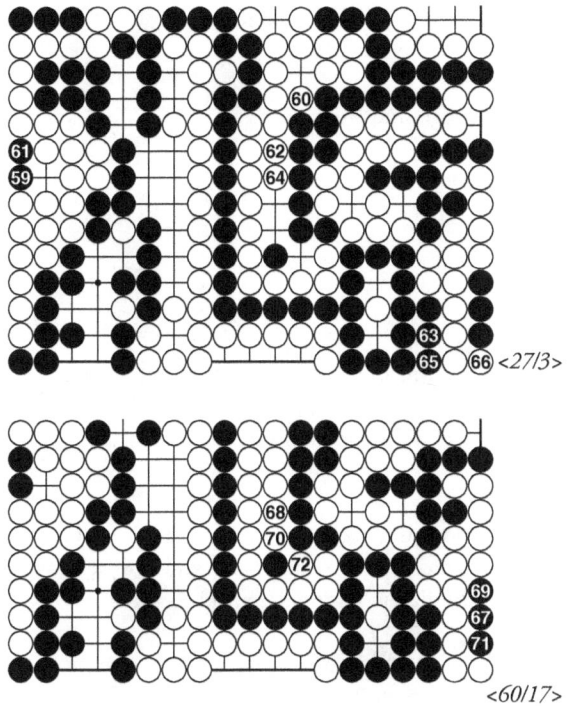

<27/3>

<60/17>

Schwarz gewinnt mit einem Punkt.

Black wins by one point.

Varianten zum Referenzpfad

VAR ●23

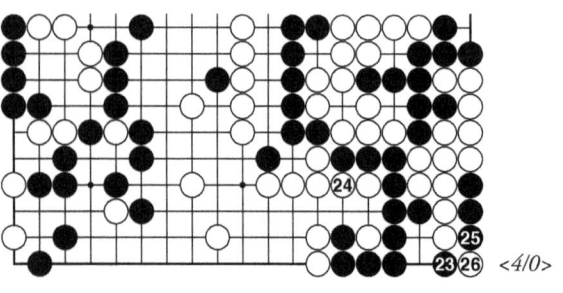

●**23, ○24**:
Diese Züge sind Miai.

These moves are Miai.

Die untere rechte Ecke ist ein temporäres Seki.

The lower right corner is a temporary Seki.

Weiß gewinnt, denn die große schwarze Gruppe stirbt, infolgedessen auch alle anderen schwarzen Steine in diesem temporären Seki.

White wins, because Black's big group dies, as do all the black stones in this temporary Seki.

VAR ○24

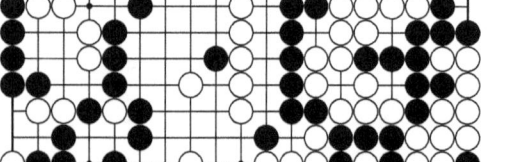

○**24**:
Weiß schlägt zwei schwarze Steine.

White takes two of Black's stones.

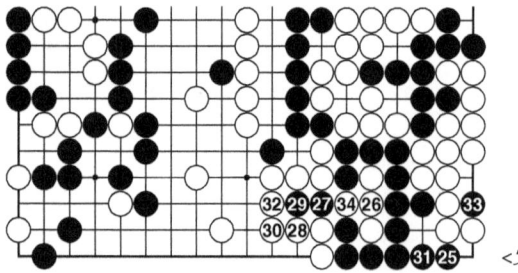

●**25**:
Schwarz verhindert zwei weiße Augen.

Black prevents two eyes.

●**27, ●29**:
Schwarz folgt kurzzeitig dem Referenzpfad.

Black follows the Reference Path, temporarily.

Variations of the Reference Path

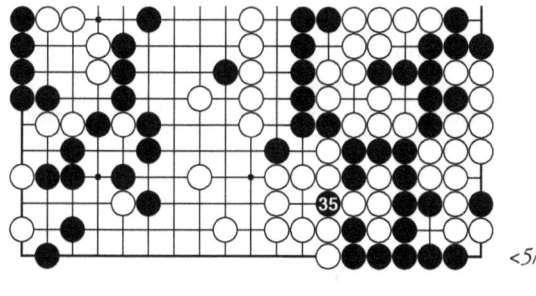

<5/4>

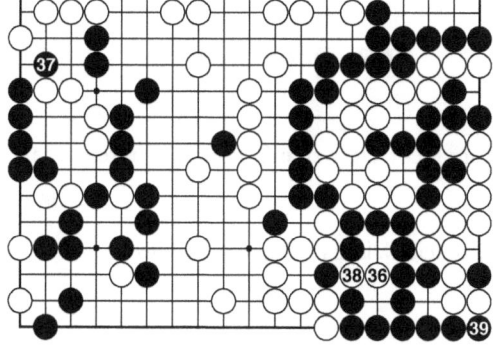

●**37**:

Schwarz kann sogar Tenuki spielen.

Black can even play Tenuki.

●**39**:

Schwarz ist einen Zug schneller und gewinnt deutlich.

Black is one move ahead, and wins easily.

VAR ●27 ↻

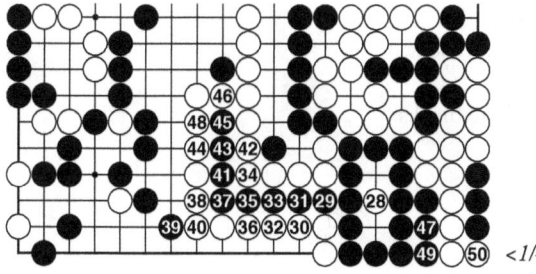

<1/3>

●**27**:

Schwarz schlägt drei weiße Steine.

Black captures three of White's stones.

○**46**:

Weiß stoppt die Flucht der Schwarzen.

White blocks Black's escape.

●**47**:

Schwarz greift die weiße Ecke an.

Black attacks White's corner.

<1/4>

Varianten zum Referenzpfad

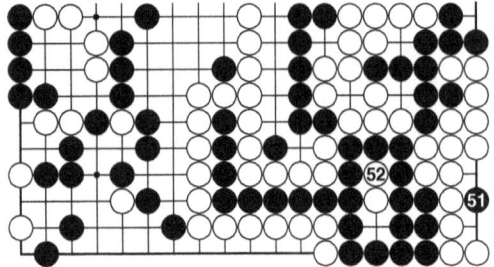

Aber Schwarz hat eine Freiheit zu wenig. Weiß gewinnt leicht.

But Black has one liberty too few. White wins easily.

VAR ●27 ↷ ●47 ↷

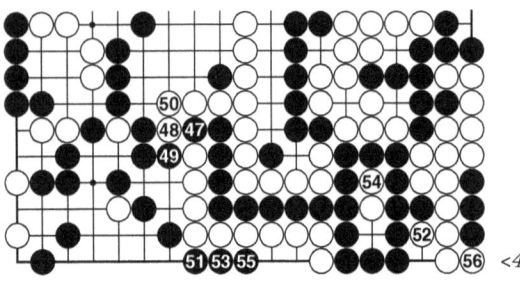

●**47**:
Schwarz greift die weiße Gruppe am unteren Rand an.

Black attacks White's group on the lower edge.

<4/3>

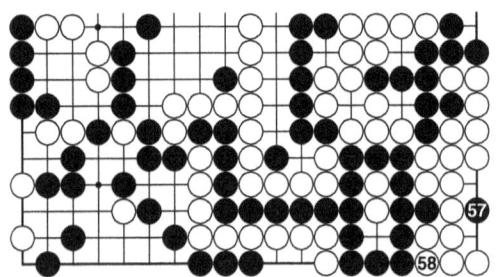

○**58**:
Wieder kommt Schwarz einen Zug zu spät. Weiß gewinnt deutlich.

Again Black is one move too late. White wins easily.

VAR ○28 ↷

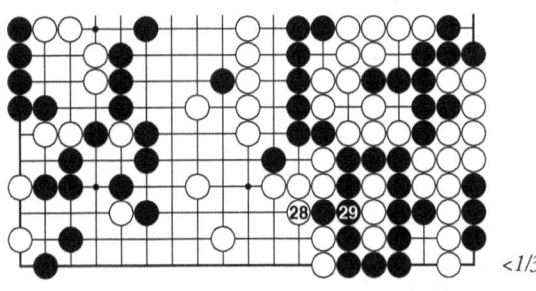

○**28**:
Weiß blockt.

White blocks.

<1/3>

Variations of the Reference Path

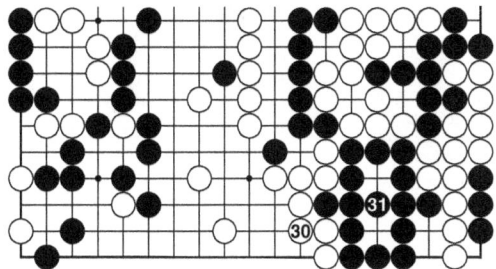

○30, ●31:
Diese Züge sind Miai. Schwarz gewinnt klar.

These moves are Miai. Black wins easily.

VAR ○42

○42:
Geta ist hier um einen Zug zu langsam.
Weiß muss die schwarze Gruppe immer auf weniger als zwei externe Freiheiten halten (entsprechend der Anzahl der gemeinsamen Freiheiten im Hanezeki). Andernfalls wird Schwarz die weißen Steine in der Ecke töten.

Geta is one move too slow here.
White must always leave the black group with less than two external liberties (same as the number of shared liberties in the Hanezeki). Otherwise, Black will kill the white stones in the corner.

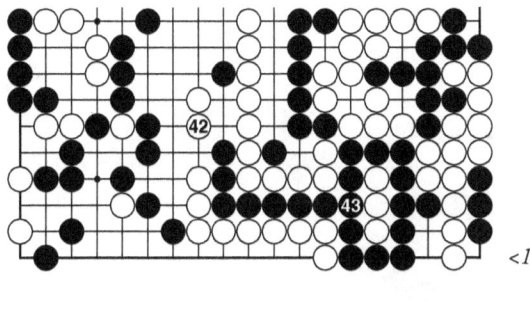

<1/3>

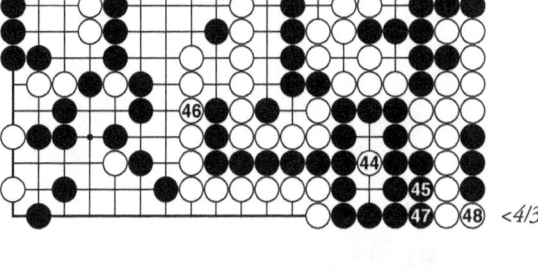

<4/3>

●51:
Schwarz gewinnt leicht.

Black wins easily.

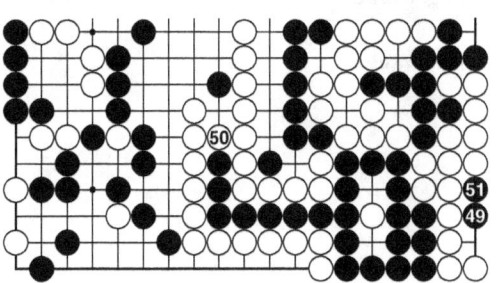

Varianten zum Referenzpfad

VAR ○44 ↷

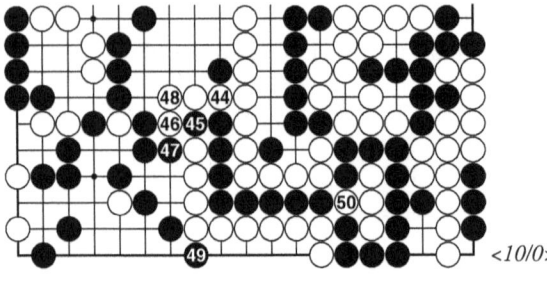
<10/0>

○**44**:
Weiß blockt.

White blocks.

●**45**:
Es ist korrekt, durchzubrechen.

It is correct to break through.

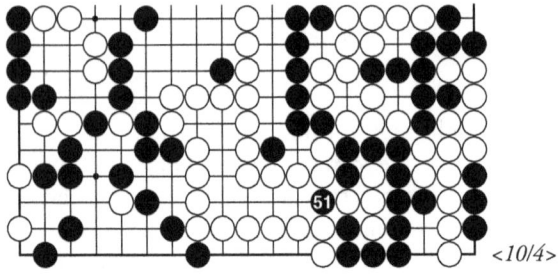
<10/4>

○**50**:
Weiß muss schließlich schwarze Steine schlagen.

Finally, White must capture Black's stones.

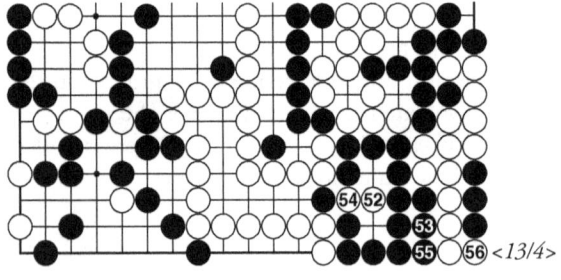
<13/4>

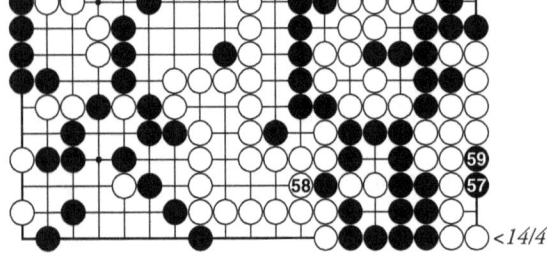
<14/4>

●**59**:
Schwarz gewinnt leicht.

Black wins easily.

Variations of the Reference Path

VAR ○60

●61:

Das ist ein Ko, das Weiß nicht gewinnen kann, wie wir gleich sehen werden ...

This is a Ko that White cannot win, as we will now see ...

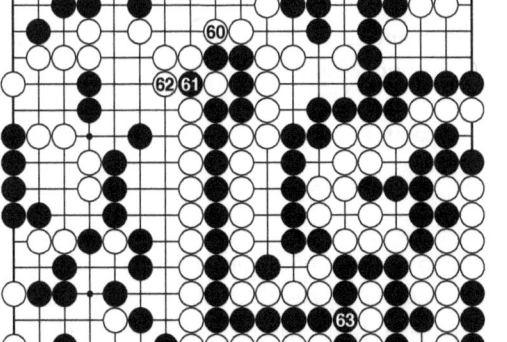
<1/4>

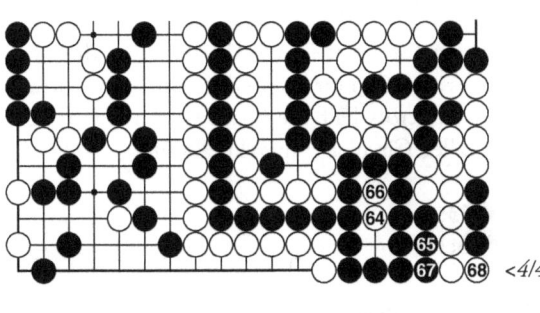
<4/4>

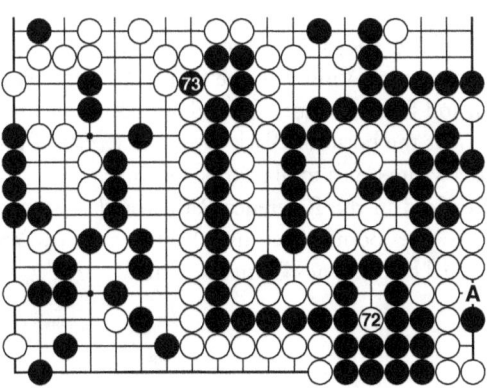
<5/6>

●73:

Weiß hat keine adäquate Ko-Drohung mehr. Schwarz spielt auf **A** und gewinnt.

White has no adequate Ko-threats left. Black plays at **A**, and wins.

<5/7>

Varianten zum Referenzpfad

VAR ●63 ⇩

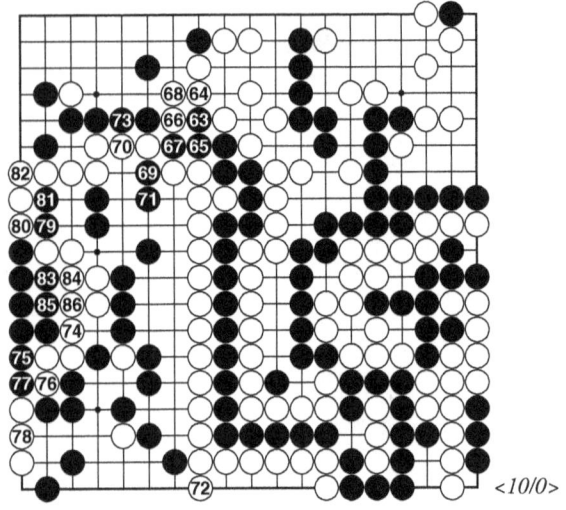

●**63**:
Schwarz trennt die weißen Gruppen im Zentrum auf andere Art und Weise.

Black separates White's groups in the centre in another way.

○**64**:
Weiß kann nicht auf **65** schneiden (📄 31). Allerdings verdient dieser Zug aus einem ganz anderen Grund Beachtung, er führt nämlich zu einem Seki über das halbe Brett mit einem neuen Seki-Typ, genannt Kreisförmiges Hanezeki (📄 60).

White cannot cut at **65** (📄 31). However, this move deserves attention for a very different reason; it leads to a Seki across half the board with a new type of Seki, called Circular Hanezeki (📄 60).

○**72**, ●**73**:
Beide Seiten folgen wieder dem Referenzpfad.

Both players follow the Reference Path again.

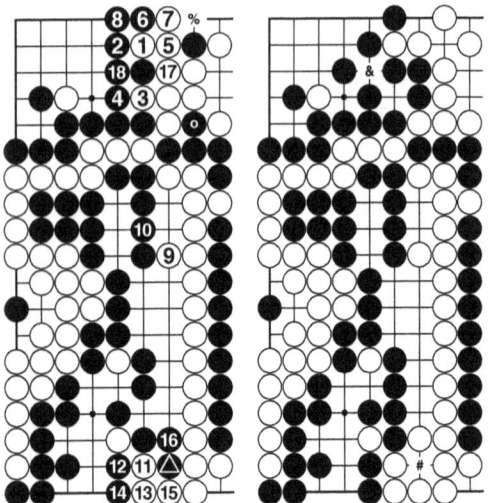

Das resultierende Endspiel wird im linken Diagramm gezeigt. Weiß hat oben einen Punkt mehr als sonst (**%**) und Schwarz hat einen weißen Stein (**&**) nicht bekommen. Unten konnte Schwarz einen Stein retten (▲/**#**). Resultierend beträgt der weiße Vorteil einen Punkt.
Im Referenzpfad würde der weiße Vorsprung von zwei auf fünf Punkte steigen, denn Weiß schlägt im Zentrum einen weiteren schwarzen Stein (●).

The resulting endgame is shown in the diagram at left. At the top, White has one (**%**) point more than usual, and Black has not captured one (**&**) of White's stones. At the bottom, Black saves one (▲/**#**) of his stones. White gets a total gain of 1 point.
White's lead in the Reference Path would rise from two to five points, because White captures an additional black stone (●) in the centre.

Variations of the Reference Path

VAR ●63 ⟲ ○64 ⟲

○**64**:
Weiß trennt die schwarzen Steine.

White separates Black's stones.

●**99**:
Nach diesem Zug wird klar, dass Schwarz mehr Gebiet besitzt als Weiß und gewinnen wird.

After this move it becomes evident that Black has more territory than White, and will win.

<1/3>

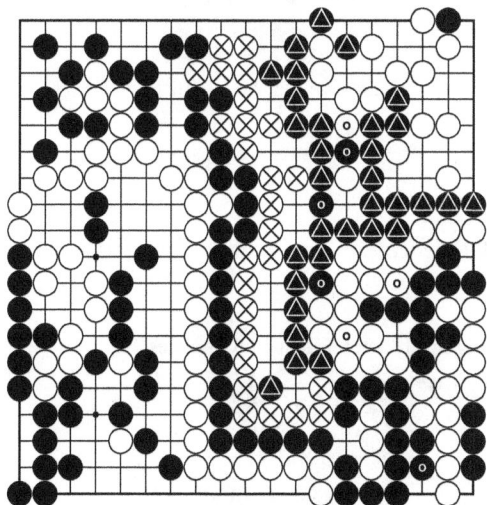

Zur Verdeutlichung haben wir einige Steine hinzugefügt (●○). Auf der rechten Seite ist ein gigantisches Seki (Kreisförmiges Hanezeki) entstanden. Die weiße Gruppe im Zentrum ist augenlos. Die schwarze Gruppe rechts oben besitzt zwar ein Auge, sie wird jedoch ganz im Gegensatz zur bekannten Regel "me ari me nashi" die augenlose weiße Gruppe nicht vom Brett nehmen können.
Weitere Details entnehmen Sie bitte dem Abschnitt "Kreisförmiges Hanezeki" auf 🗎 60.

For the sake of better illustration, we have added a few stones (●○). On the right side, a giant Seki (Circular Hanezeki) is born. The white group in the centre is eyeless. Black's group, above, has indeed got one eye; but in contrast to the general experience with "me ari me nashi", he will not be able to capture White's eyeless group below.
You will find further details in the section "Circular Hanezeki" on 🗎 60.

Varianten zum Referenzpfad

VAR ●65 ↳ (B)

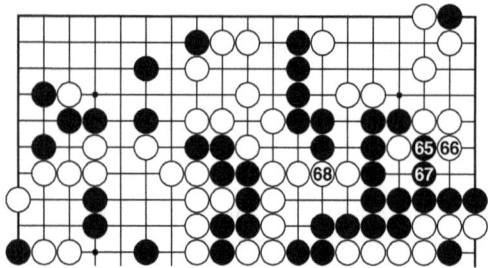

●**65**:

Schwarz fängt den weißen Stein rechts.

Black captures White's right-hand stone.

○**68**:

Schwarz hat auf **67** und **68** zwei Freiheiten verloren. Weiß kann somit später das Straf-Semeai (📄 70) einsetzen.

Black has lost two liberties, at **67**, and **68**. So White can utilize the Punishment Semeai (📄 70) later.

VAR ●65 ↳ (C)

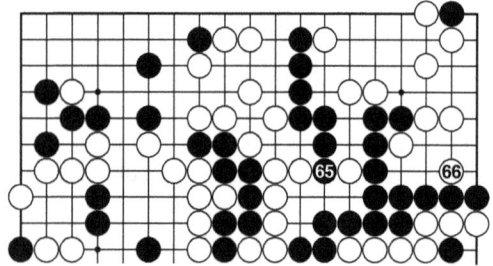

●**65**:

Schwarz fängt den weißen Stein links.

Black captures White's left-hand stone.

○**66**:

Und wiederum hat Schwarz zwei Freiheiten verloren.

And again, Black has lost two liberties.

VAR ○70 ↳

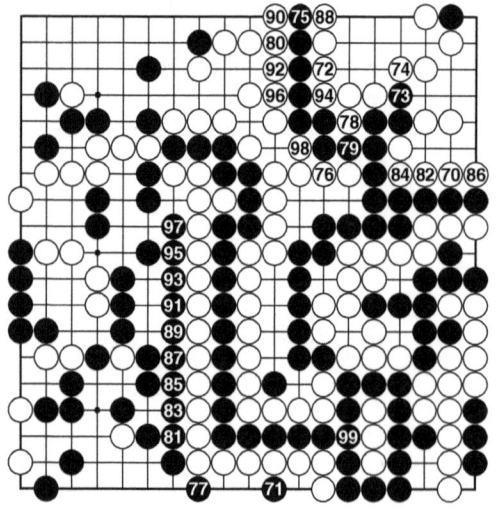

<1/3>

○**70**:

Weiß reduziert die Freiheiten der schwarzen Gruppe rechts oben.

White reduces the liberties of Black's group in the top right corner.

●**71**:

Dieser Zug verhindert zwei Augen für die weiße Gruppe am unteren Rand.

This move prevents two eyes for White's group at the lower edge.

Variations of the Reference Path

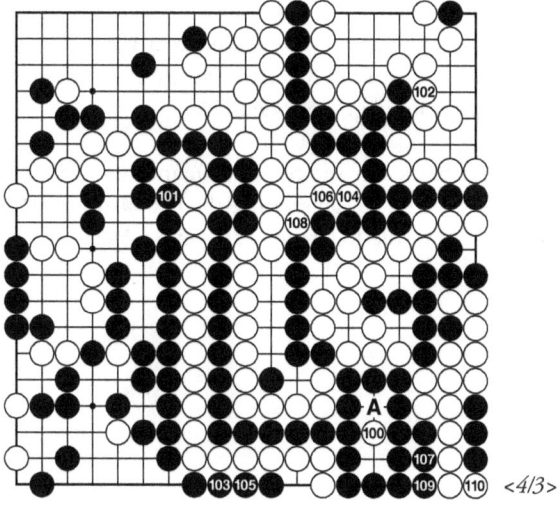

<4/3>

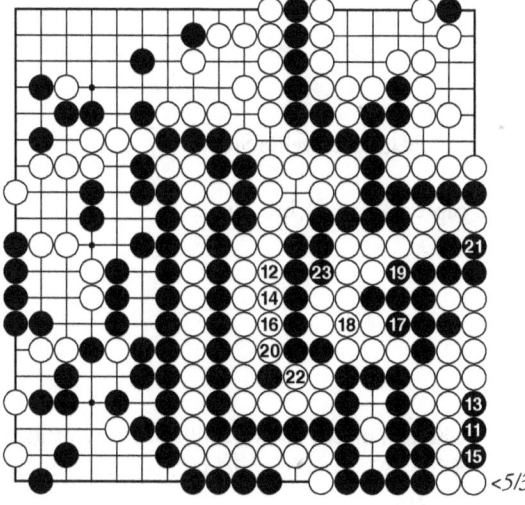

<5/34>

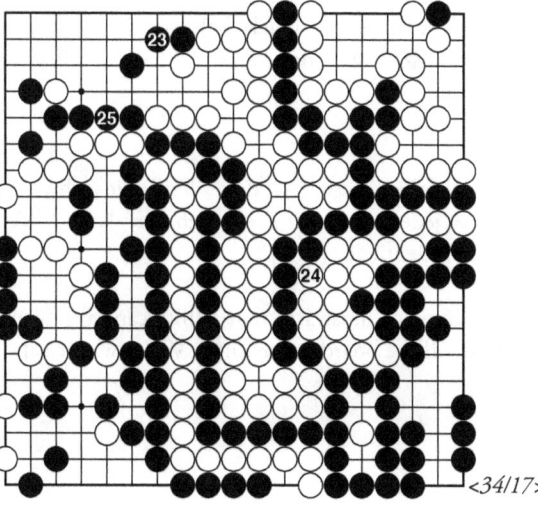

<34/17>

●**99**:

Schwarz kann die drei weißen Steine jetzt schlagen. Die weiße Gruppe am unteren Rand hat nur noch vier Freiheiten.

Black can capture the three White stones now. White's group on the lower edge has only four liberties remaining.

○**102**:

Es hilft Weiß nicht, am unteren Rand zu spielen, zum Beispiel auf **A**, statt der schwarzen Gruppe rechts oben Freiheiten zu nehmen.

Instead of occupying the liberties of Black's group at upper right, it does not help White to play at the bottom, for example at **A**.

●**123**:

Schwarz gewinnt das Semeai um einen Zug.

Black wins the Semeai by one move.

VAR ○70 ↰ ●123 ↰

Zur Demonstration der Ressourcen, über die Schwarz in dieser Variante verfügt, stellt diese Untervariante dar, was passiert, sollte Schwarz bereits früher eine Freiheit seiner Gruppe rechts oben verloren haben. Bitte verstehen Sie ●**123** als den Zug, der diese Freiheit verliert. Weiß wird es dann möglich sein, die schwarze Gruppe rechts oben zu schlagen (hier mit ○**124**), jedoch wird Schwarz anschließend die linke obere Ecke abschließen (hier mit ●**125**).

To demonstrate which resources Black has available in this variation, this sub-variation illustrates what happens if Black has lost an additional liberty earlier. Please assume that ●**123** is this liberty-losing move. Then, White will be able to capture Black's top right group (with ○**124** here), but thereafter Black will close the upper left corner (with ●**125** here).

Varianten zum Referenzpfad

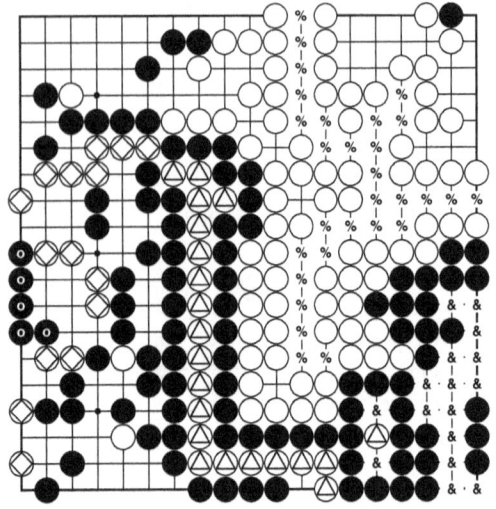

Ergebnis: Schwarz bekommt zusätzlich zur Mitte (△) die gesamte linke Seite (◇, denn er kann die fünf ●-Steine analog zum Referenzpfad in einer Nakade-Form opfern) und gewinnt deutlich.

Result: Black gets the centre (△), and the entire left side (◇, because he can sacrifice the five ●-stones, in a similar way to the Reference Path, in a Nakade-shape) and wins easily.

VAR ●71 (A)

●**71**:
Schwarz schlägt drei weiße Steine.

Black captures three White stones.

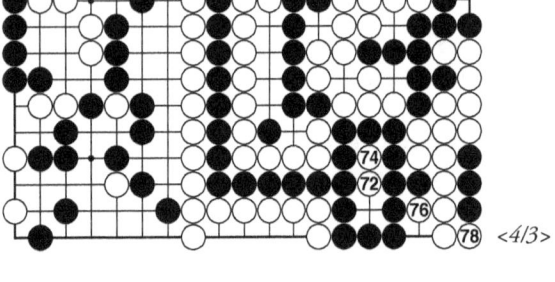

<1/3>

○**72**:
Das weiße Oki macht Schwarz hilflos. Die schwarzen Züge ●73 - ●77 sind hier nicht dargestellt, denn sie sind irrelevant.

White's Oki leaves Black helpless. Black's moves ●73 - ●77 are not shown here, as they are irrelevant.

<4/3>

Die Abfolge illustriert, dass Weiß die schwarzen Steine jederzeit vom Brett nehmen kann. Weiß gewinnt deutlich.

The sequence illustrates that White can take Black's stones off the board at any time. White wins easily.

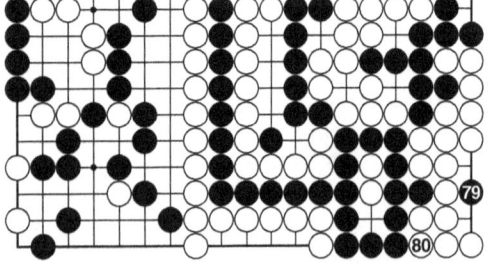

Variations of the Reference Path

VAR ●71 ↻ (B)

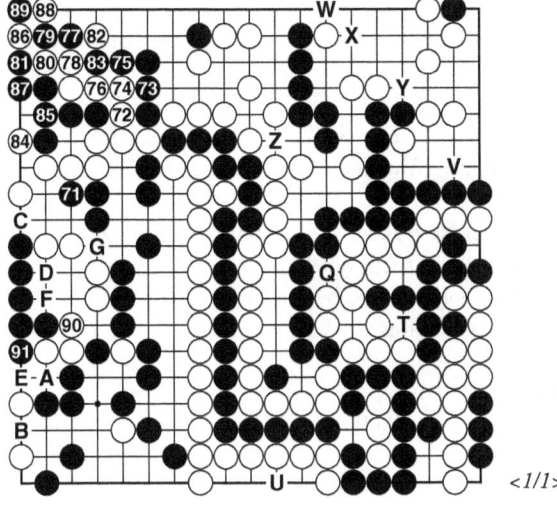

<1/1>

●**71**:
Schwarz verhindert zwei weiße Augen am linken Rand und nimmt der weißen Gruppe darüber gleichzeitig eine Freiheit.

Black prevents two white eyes on the left side, and, simultaneously, occupies a liberty of White's group above.

○**72** - ○**88**:
Weiß dringt in die schwarze Ecke links oben ein und erreicht am Ende ein Ko. Da die schwarze Gruppe rechts oben noch nicht lebt, ist das ein Hanami-Ko für Weiß. Weiß benötigt am linken Rand nur zwei Augen und hat zum Beispiel die Drohungen **A** - **G**. Die einzige wirkliche schwarze Drohung ist **Z**. Alle anderen Drohungen, wie **Y** - **U**, sind viel zu klein. Hätte Schwarz das zweite Einwerfen gespielt, dann wäre auf **Q** ein weißer Stein und er hätte noch die Ko-Drohung auf **T**, was jedoch auch nicht genügt.

White penetrates into Black's upper left corner, and finally gets a Ko. Black's group in the upper right is not alive yet, so this is a Hanami-Ko for White. White needs only two eyes on the left edge, and has the threats **A** to **G**, for example. The only real black threat is **Z**. All other threats, like **Y** to **U**, are much too small. If Black has played the second Throw-in (in this case, **Q** is occupied by a white stone), he would have the additional Ko-threat at **T**, which is also not sufficient.

●**93**:
Die größte Ko-Drohung, die Weiß ignorieren kann.

The largest Ko-threat, which White can ignore.

○**96**:
Weiß rettet die Gruppe am linken Rand. Die Gruppe am unteren Rand hat nur ein Auge, also muss Weiß das Hanezeki auflösen. Trotz des damit verbundenen Verlustes gewinnt Weiß mit etwa 20 Punkten.

White saves the group on the left edge. The group on the lower edge has only one eye, so White has to resolve the Hanezeki. Despite the associated loss, White wins by approximately 20 points.

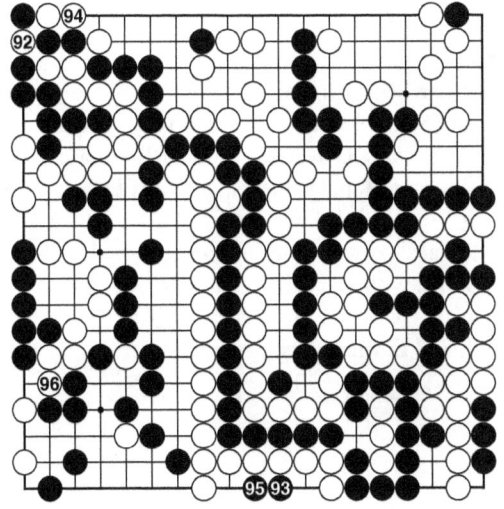

<4/1>

Varianten zum Referenzpfad

VAR ●71 ⇔ (C)

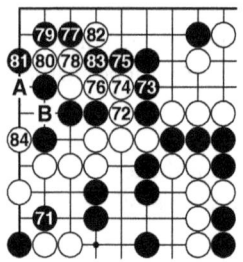

●71:
Dieser Zug reduziert zwar die potentiellen weißen Ko-Drohungen am linken Rand, ist jedoch auch nicht erfolgreich, dank eines (von Joachim entdeckten) Doppel-Ko. Die Stellung ist sehr unübersichtlich, daher zeigen wir mehrere Varianten im Detail.

This move reduces White's potential Ko-treats on the left side, but will not lead to success either, due to a Double-Ko (found by Joachim). The situation is very confusing, thus we show several variations, in detail.

●85:
Schwarz hat die Wahl zwischen **A** oder **B**.

Black can choose between **A**, and **B**.

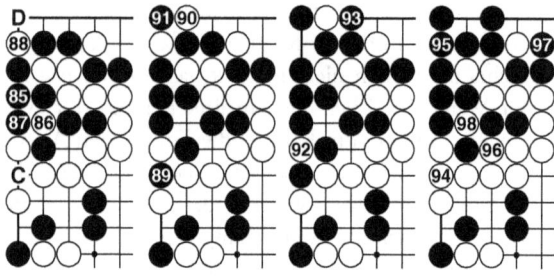

A ⇔ ●89:
Schlägt Schwarz den unteren weißen Stein mit **C**, so ergibt sich ein Doppel-Ko, das Schwarz nicht gewinnen kann. Irgendwann muss er den weißen Stein in der Ecke schlagen und dann kommt Weiß mit ○96 und ○98 zu zwei Augen.
Schlägt Schwarz den oberen weißen Stein mit **D**, kommt Weiß auch ohne Ko zum Leben.

If Black takes the lower white stone with **C**, a Double-Ko results, which Black cannot win. Eventually he has to capture White's stone in the corner, thereafter White gets two eyes, with ○96 and ○98.
If Black takes the upper white stone with **D**, White lives without any Ko.

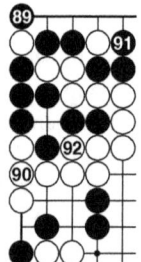

B ⇔ ●89:
Wieder hat Schwarz die Wahl, mit **C** den unteren oder mit **D** den oberen weißen Stein zu schlagen.
Und wieder endet **C** in einem Doppel-Ko (vorteilhaft für Weiß) und **D** mit schnellem weißem Leben.

Again, Black has the choice, to capture the lower white stone, with **C**, or the upper one, with **D**.
And again, **C** ends in a Double-Ko (favouring White), and **D** with quick life for White.

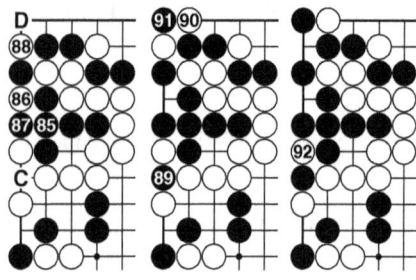

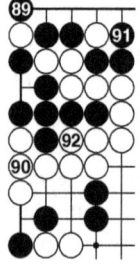

Variations of the Reference Path

VAR ●71 ↪ (D)

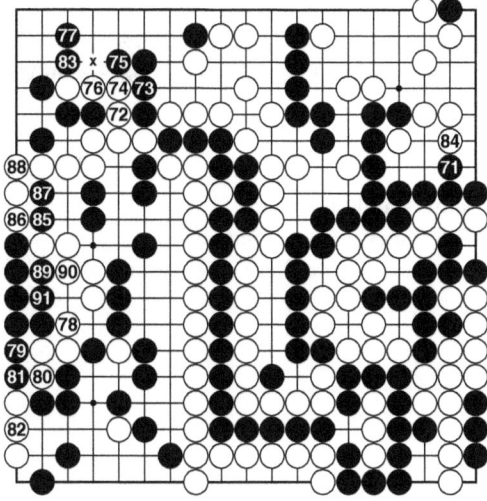

●**71**:
Schwarz spielt ein "spätes" Guzumi.

Black plays a "late" Guzumi.

●**83**:
Schwarz sichert die Ecke und vermeidet das zuvor gezeigte Ko.

Black secures the corner, and prevents the previously shown Ko.

○**84**:
Weiß kehrt zum Referenzpfad zurück. Die weiße Gruppe am linken Rand hat eine Freiheit mehr als sonst (**x**), also wird Schwarz das Straf-Semeai (siehe 70) mit seiner Gruppe rechts oben verlieren. Weiß gewinnt klar.

White returns to the Reference Path. White's group on the left has one liberty more than usual (**x**), so Black will lose the Punishment-Semeai (see 70) with his top right group. White wins with ease.

VAR ○72 ↪

○**72**:
Weiß schlägt die 20 schwarzen Steine im Zentrum.

White captures Black's 20 centre stones.

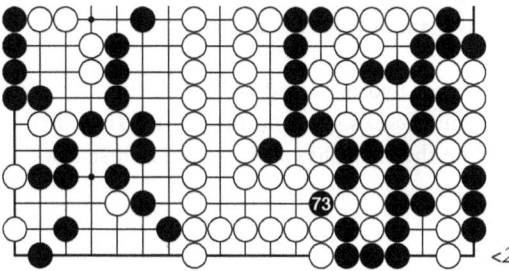

<21/0>

<21/4>

37

Varianten zum Referenzpfad

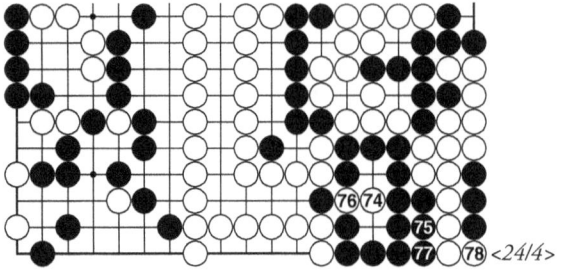

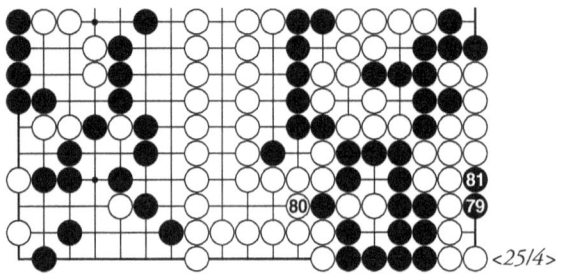

●**81**:

Schwarz gewinnt.
Zwei Punkte sind festzuhalten:
Das weiße Gebiet ist noch nicht befestigt.
Weiß kann die fünf schwarzen Steine am linken Rand nicht fangen.

Black wins.
Two points should be noted:
White's territory is not yet settled.
White cannot capture Black's five stones on the left side.

VAR ●77

●**81**:

Schwarz schlägt drei weiße Steine.

Black captures three white stones.

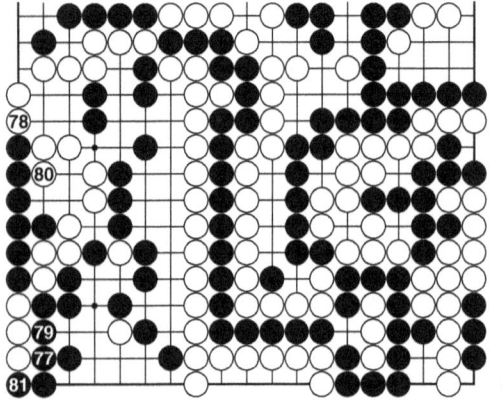

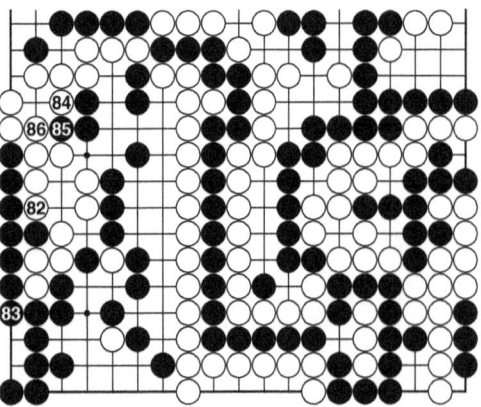

○**86**:

Weiß bekommt zwei Augen und gewinnt. Sie braucht die schwarze Gruppe im Zentrum nicht mehr zu schlagen. Die schwarze Gruppe in der rechten oberen Ecke ist damit tot, so wie sie steht.

White gets two eyes, and wins. She does not have to capture Black's group in the centre. Thus, Black's group in the top right corner is dead as it stands.

Variations of the Reference Path

VAR ○78

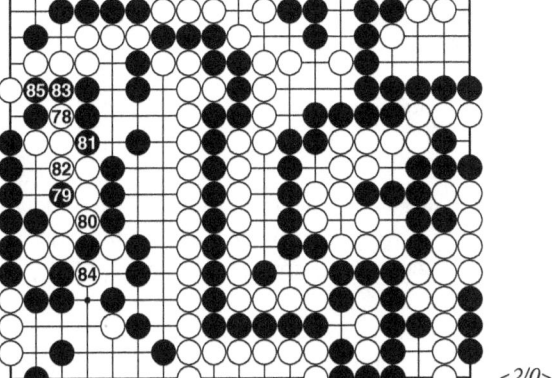

○**78**:
Weiß versucht, auf der dritten Reihe zu verbinden.

White attempts to connect on the third line.

●**79, ●81, ●83**:
Diese Züge sind alle Vorhand.

These moves are all Sente.

●**85**:
Weiß kann der schwarzen Umzingelung nicht entfliehen und muss am Ende die schwarze Zentrumsgruppe schlagen.
Schwarz gewinnt deutlich.

White cannot escape Black's encirclement, and must capture Black's centre group, eventually.
Black wins easily.

<2/0>

VAR ●81

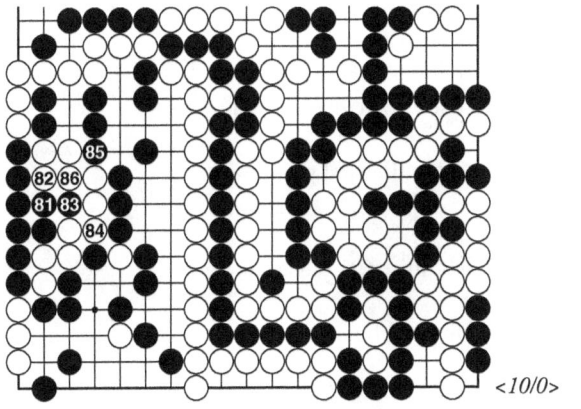

●**81**:
Schwarz versucht einen anderen Zug.

Black tries another move.

<10/0>

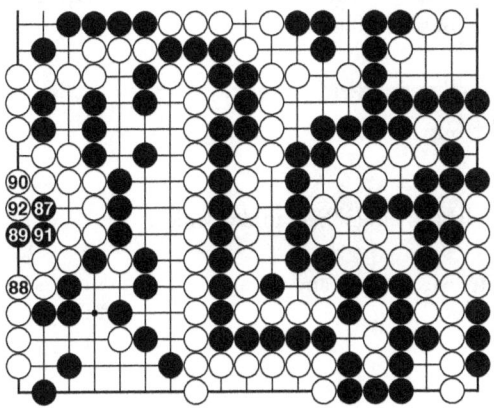

○**91, ●92**:
Diese beiden Punkte sind Miai. Weiß erreicht ein Seki und gewinnt. Wiederum braucht Weiß die schwarze Zentrumsgruppe nicht mehr zu schlagen und gewinnt jetzt ganz leicht.

These two points are Miai. White gets a Seki, and wins. Again, White does not have to capture Black's centre group, and now wins easily.

39

Varianten zum Referenzpfad

VAR ○82

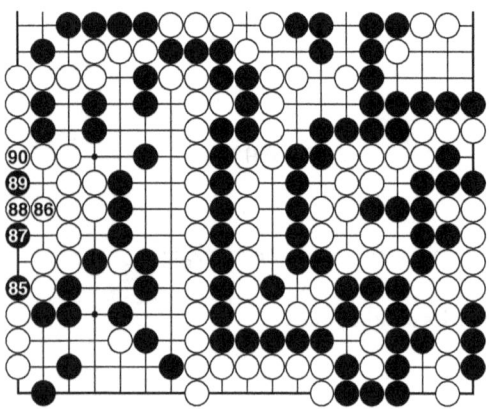

<2/1>

○**86**:
Weiß schlägt einen schwarzen Stein.

White captures a black stone.

●**87**:
Weiß kann die zwei Steine in Atari nicht verbinden. Schwarz gewinnt leicht, da Weiß am Ende die schwarze Zentrumsgruppe schlagen muss.

White cannot connect her two stones in Atari. Black wins with ease, because White must finally capture Black's centre group.

VAR ●85

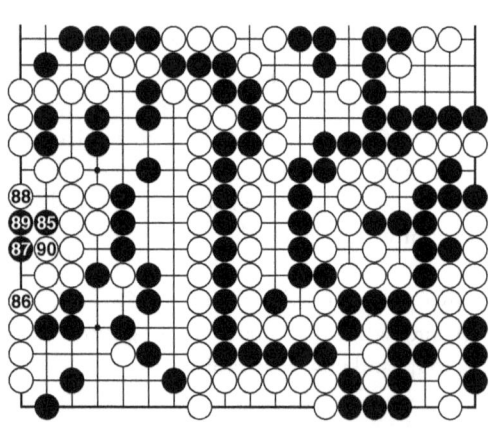

●**85 (.1)**:
Schwarz wirft ein.

Black throws in.

○**86**:
Weiß besetzt den vitalen Punkt.

White takes the vital point.

○**90**:
Weiß lebt mit zwei Augen und gewinnt.

White lives with two eyes, and wins.

●**85 (.2)**:
Schwarz besetzt einen anderen vitalen Punkt. ●**85** und ○**86** sind Miai.

Black takes another vital point. ●**85**, and ○**86**, are Miai.

○**90**:
Weiß lebt in einem Seki und gewinnt.

White lives in Seki, and wins.

Variations of the Reference Path

VAR ●99

●99:

Schwarz hat eine wichtige Freiheit verloren. Beachten Sie, dass nach ○**100** der Punkt **101** keine Annäherungszug-Freiheit (📄 119) mehr ist.

Black loses an important liberty. Note that, after ○**100**, **101** is not an approach-move liberty (📄 119).

●103:

Es ist noch schlechter für Schwarz, mit einem Zug auf **104** einen weißen Stein zu fangen (📄 42), denn die Hoffnung, die potentielle Annäherungsfreiheit auf **A** zu reanimieren, trügt.

It is even worse for Black to capture a white stone with a move at **104** (📄 42), because his hope of reanimating the potential approach-move liberty at **A** is mistaken.

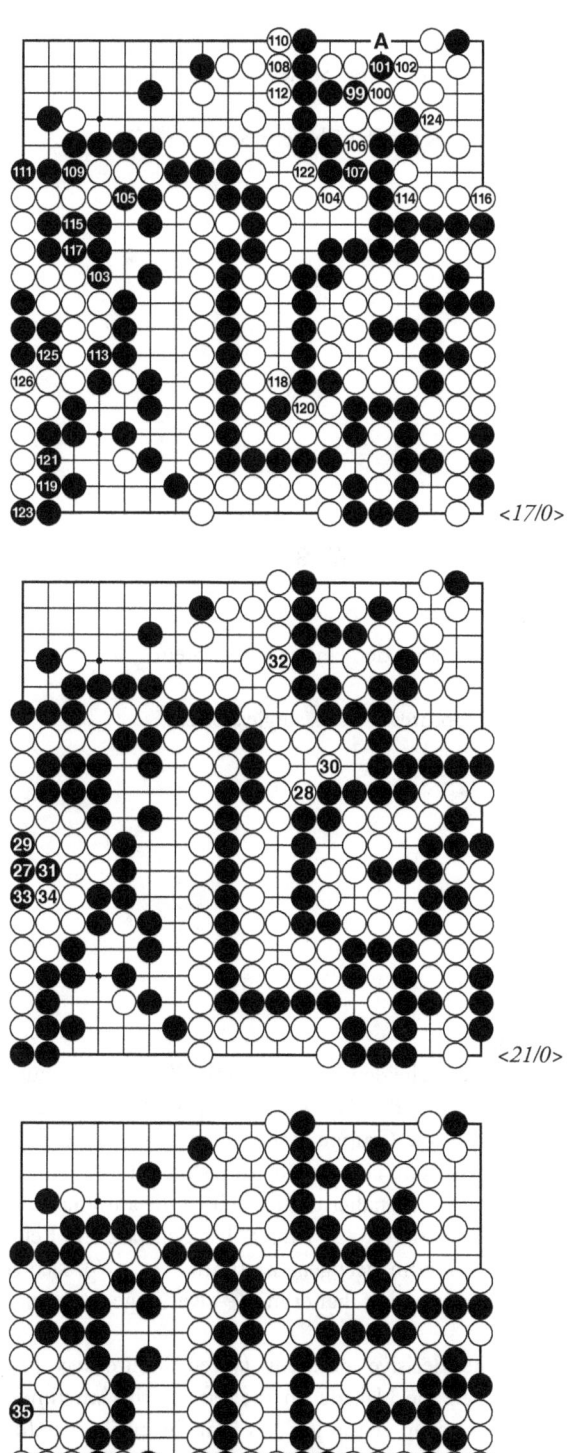

<17/0>

<21/0>

<41/0>

Varianten zum Referenzpfad

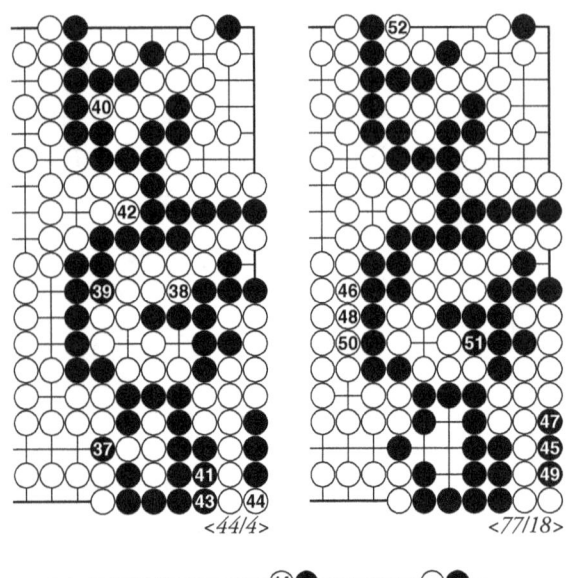

⟨44/4⟩   ⟨77/18⟩

○**140, ○142:**
Weiß setzt das Straf-Semeai (🗎 70) ein.

White uses the Punishment-Semeai (🗎 70).

○**152:**
Weiß gewinnt.

White wins.

VAR ●99 ↷ ●103 ↷

●**103:**
Schwarz fängt den einen weißen Stein.

Black captures White's single stone.

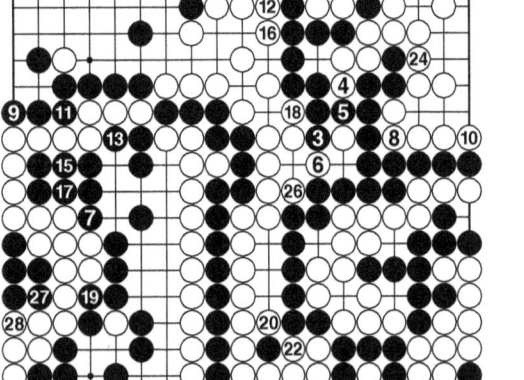

⟨17/0⟩

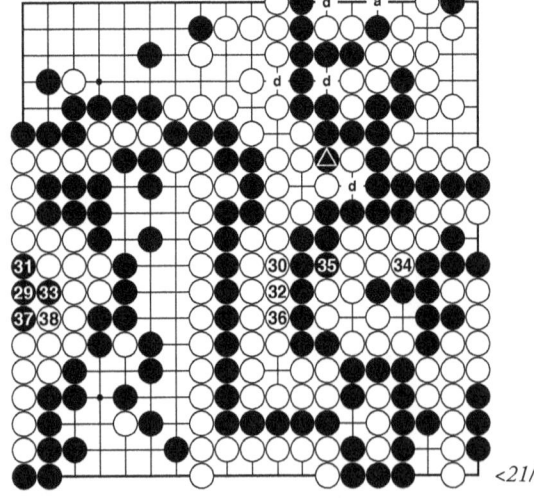

⟨21/0⟩

○**138:**
Zum entscheidenden Zeitpunkt (Weiß hat zum letzten Mal das Nakade links geschlagen), besitzt die schwarze Gruppe rechts oben vier direkte Freiheiten (**d**) und eine Annäherungsfreiheit (**a**).
Die (echte) Annäherungsfreiheit ist die automatische Folge des schwarzen Auges. Da Schwarz im Referenzpfad zum jetzigen Zeitpunkt (🗎 16) sieben Freiheiten besitzt, hat er mit ▲ zwei Züge verloren.

At the decisive moment (when White has just captured the Nakade on the left for the last time), Black's group at top left has four direct liberties (**d**) and one approach-move liberty (**a**).
The (real) approach-move liberty is due to Black's eye. In the Reference Path, Black has seven liberties at this point (🗎 16), so he has lost two moves by playing ▲.

Variations of the Reference Path

VAR ●131 ↷

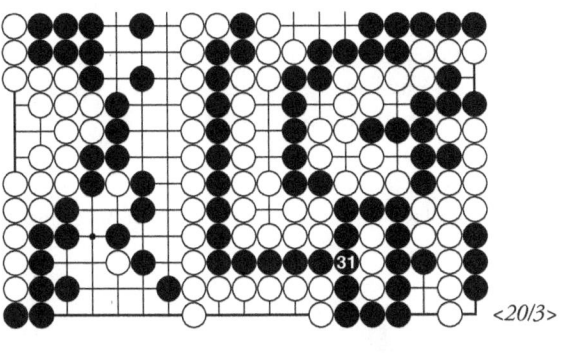

●**131**:
Schwarz schlägt drei weiße Steine.

Black captures three white stones.

<20/3>

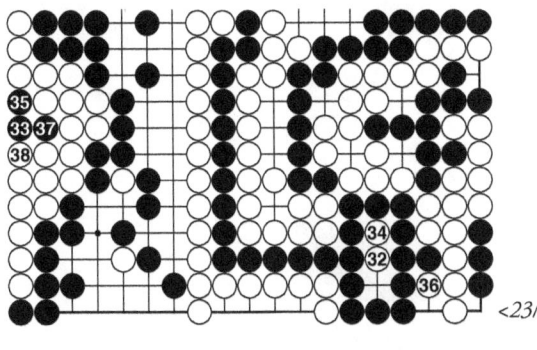

<23/3>

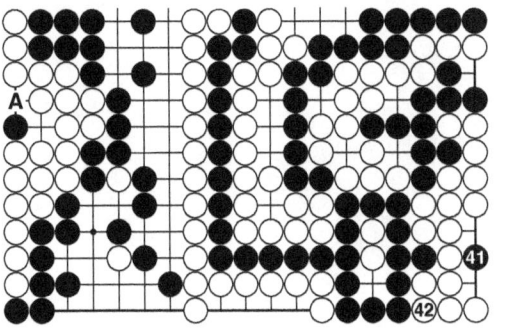

<26/3>

○**142**:
Weiß gewinnt. Spielt Schwarz ●**141** auf **A**, so lebt Weiß mit ○**142** auf **141** in der rechten unteren Ecke. Das tötet alle schwarzen Gruppen auf der rechten Seite.

White wins. If Black plays ●**141** at **A**, White lives in the lower right corner with ○**142** at **141**. This will kill all of Black's groups on the right side.

Varianten zum Referenzpfad

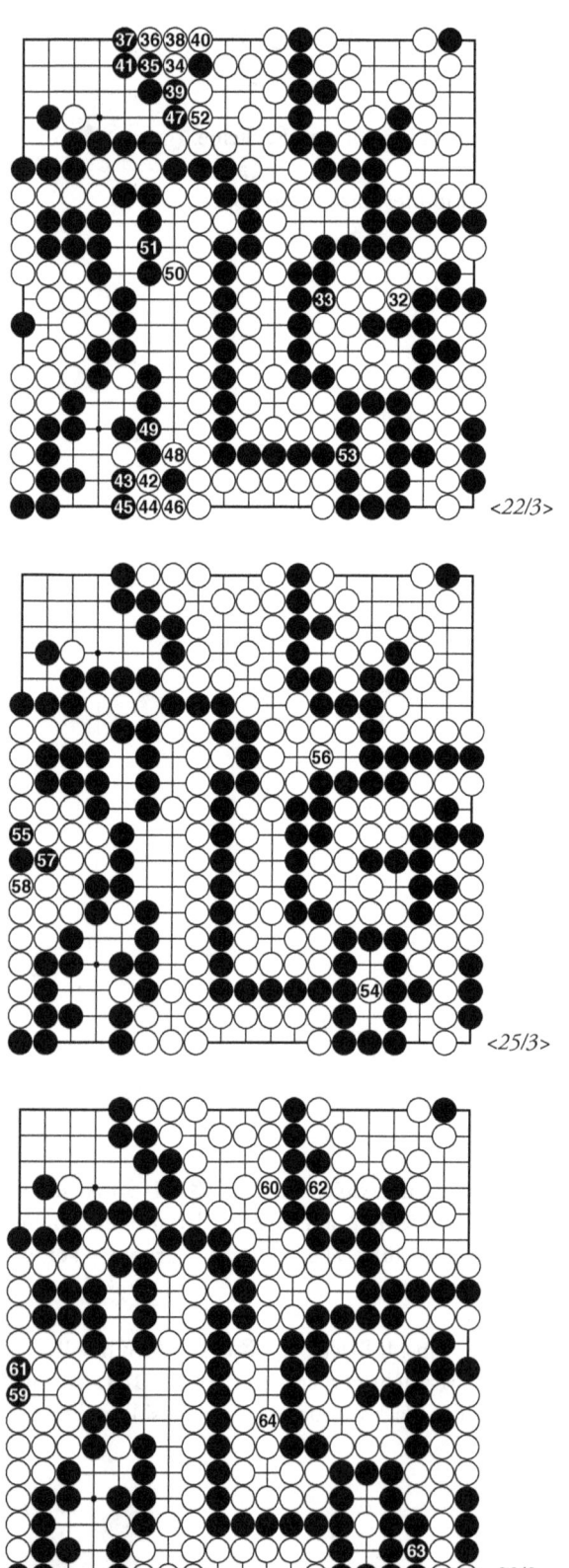

VAR ○132 ↻

○**132,** ○**134:**
Weiß startet nun das Endspiel mit ○**134** links oben, denn Schwarz kann den Verlust seiner Gruppe rechts oben nicht verhindern.

White starts the endgame with ○**134** at top left now, because Black cannot prevent the loss of his group at top right.

Variations of the Reference Path

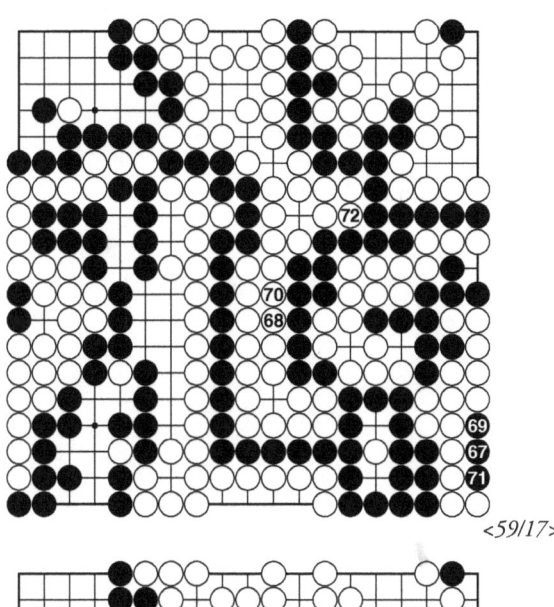

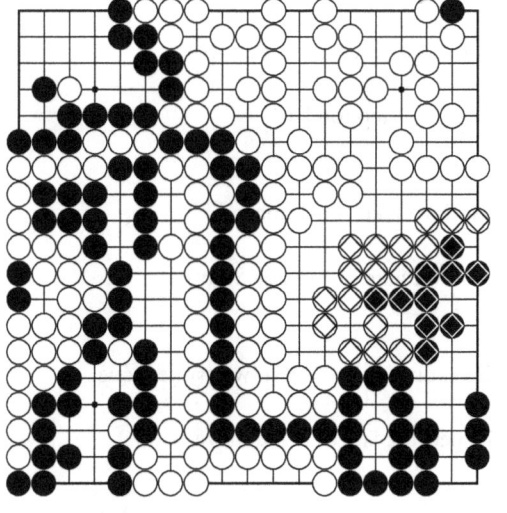

<59/17>

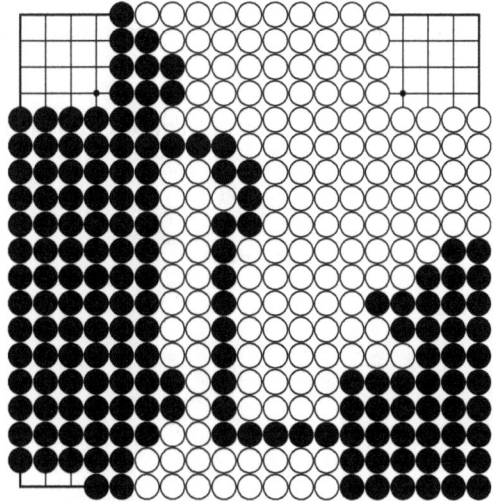

● **171**:
Schwarz schlägt die weiße Eckgruppe im Hanezeki.

Black captures the white corner group in the Hanezeki.

○ **172**:
Weiß schlägt die schwarze Gruppe in der rechten oberen Ecke und rettet damit ihre Gruppe im temporären Seki.

White captures Black's group in the upper right corner, and therewith saves her group in the temporary Seki.

Wir können jetzt erkennen, dass das zusätzliche Seki der ◇-/◆-Gruppen (verglichen mit der klassischen Version eines Hanezeki, in der es nur eine große weiße Gruppe in der Ecke gibt und die ◆-Gruppe nicht vorhanden ist), auch dazu dient, den Punktestand anzugleichen, d. h. die Partie relativ knapp zu machen, denn Schwarz konnte nur eine der beiden geteilten Gruppen fangen.

We now can see that the additional Seki of the ◇-/◆-groups (compared to the classic version of a Hanezeki, in which there is only one large white group in the corner, and the ◆-group is not present), serves also to adjust the score, so making the game relatively close, because Black could capture only one of two split groups.

Schwarz gewinnt mit drei Punkten.

Black wins by three points.

Varianten zum Referenzpfad

VAR ○134 ↷

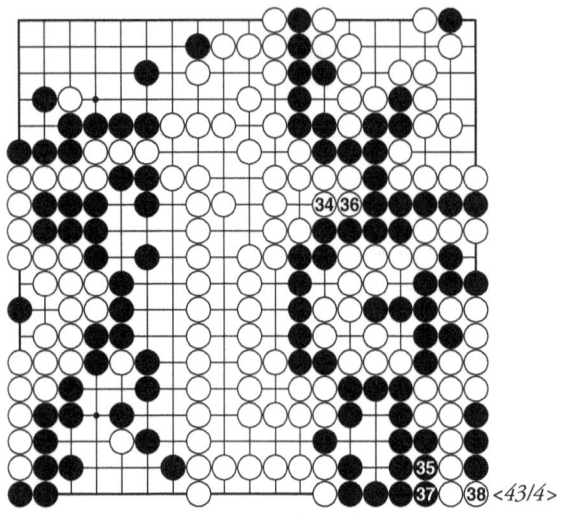

○**134:**
Weiß setzt das Semeai fort.

White continues the Semeai.

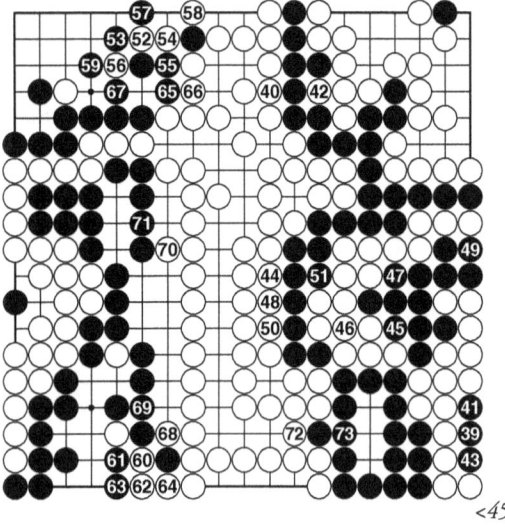

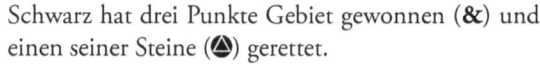

○**150:**
Weiß kommt einen Schritt zu spät.

White is one step too late.

○**152:**
Das ist das Tsuke von Yamada Shinji 5p.

This is the Tsuke of Yamada Shinji 5p.

○**172:**
Weiß bekommt den letzten wertvollen Zug.

White gets the last valuable move.

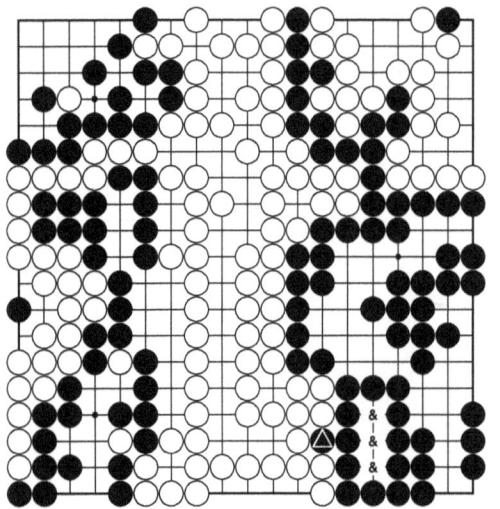

Schwarz hat drei Punkte Gebiet gewonnen (**&**) und einen seiner Steine (●) gerettet.

Black has gained three points of territory (**&**), and saved one of his stones (●).

Variations of the Reference Path

VAR ○142

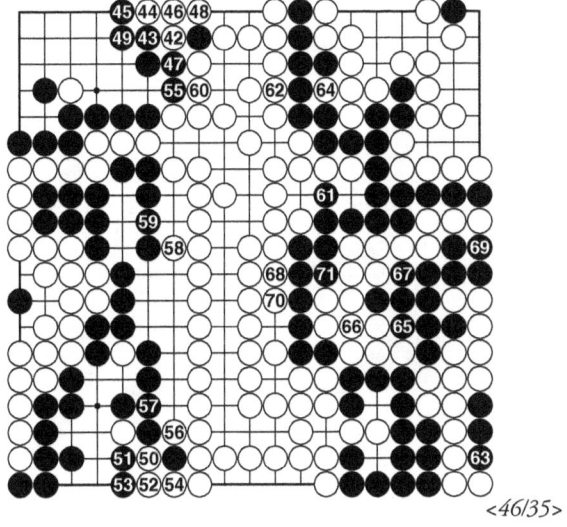

<46/35>

○**142**, ●**143**:

Das sind die einzigen Endspielzüge, die in der publizierten Lösung (📄 21) von Fujisawa Hideyuki 9p genannt sind.

These are the only endgame moves which are mentioned in the published solution (📄 21) of Fujisawa Hideyuki 9p.

○**160**:

Weiß endet oben links in Nachhand.

White ends in Gote in the upper left.

●**161**:

Schwarz verhindert, dass Weiß einen Punkt Gebiet im Zentrum bekommt.

Black prevents White's getting one extra point in the centre.

Im Vergleich zum Referenzpfad ...

In comparison to the Reference Path ...

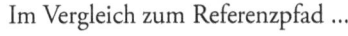

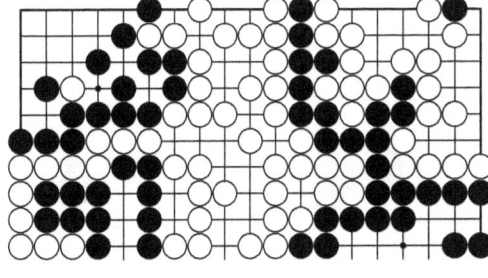

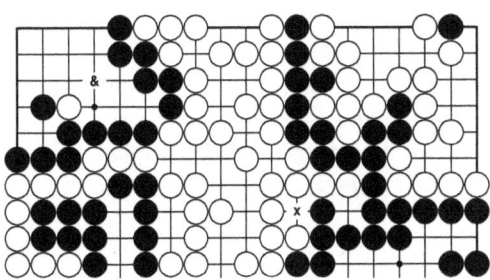

... hat Schwarz hier einen Punkt mehr (**&**) und Weiß einen Punkt weniger (**x**). Das schwarze Ergebnis ist folglich zwei Punkte besser.

... Black has one more point here (**&**), and White one point less (**x**). Black's result is two points better.

47

Varianten zum Referenzpfad

VAR ●143

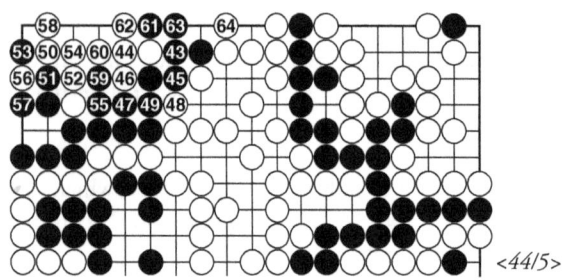

<44/5>

●143:
Schwarz kann sich nicht wie hier wehren.

Black is unable to resist like this.

○164:
Die linke obere Ecke ist Seki. Weiß gewinnt.

The top left corner is Seki. White wins.

VAR ●155

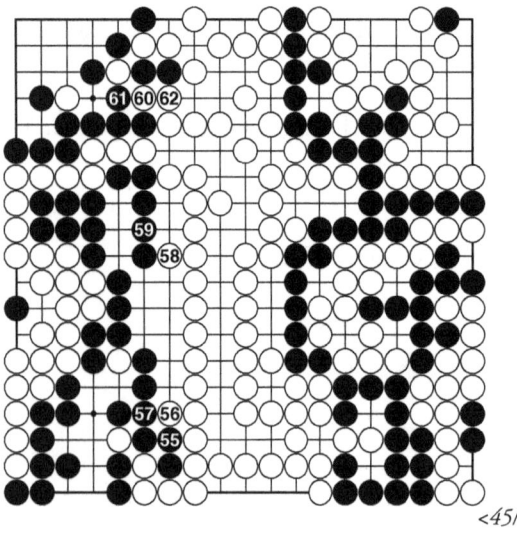

<45/36>

●155:
Schwarz verhindert zwei Punkte für Weiß am unteren Rand.

Black prevents two points for White on the lower edge.

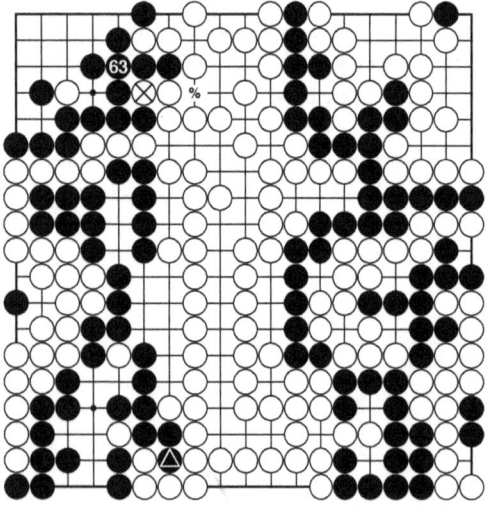

●163:
In der linken oberen Ecke hat Schwarz zwei Punkte verloren (⊗, **163**), Weiß hat einen Punkt gewonnen (%). Am unteren Rand hat Weiß den schwarzen Stein ▲ nicht gefangen. Daraus ergibt sich ein Nachteil für Schwarz von einem Punkt.

In the upper left corner, Black has lost two points (⊗, **163**), White gained one point (%). On the lower edge, White did not capture Black's stone at ▲. Combined, these result in a loss of one point for Black.

Variations of the Reference Path

VAR ○160

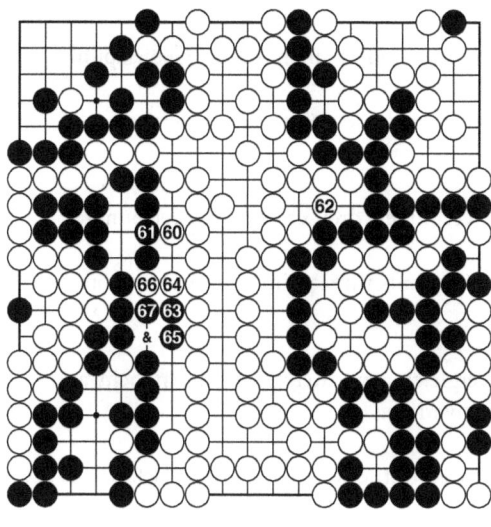

○**160**:
Das ist zwar Vorhand, droht jedoch nur in eine Richtung.

This is Sente, but threatens in one direction only.

●**163**:
Schwarz schafft sich einen weiteren Gebietspunkt (&).

Black gets another point of territory (&).

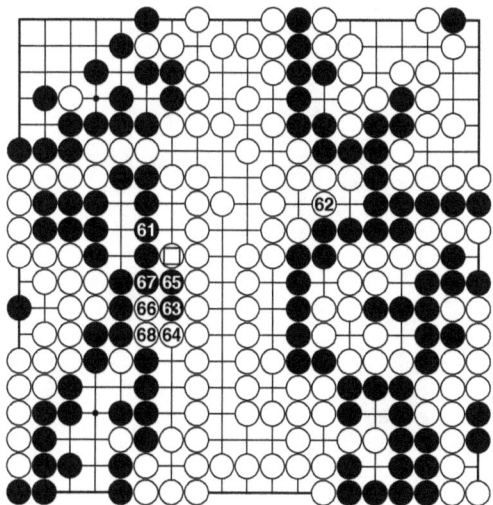

Hat Weiß korrekt gespielt (◻), gibt es im Zentrum keine weiteren Punkte.

If White has played correctly (◻), there are no further points in the centre.

Varianten zum Referenzpfad

VAR ●161

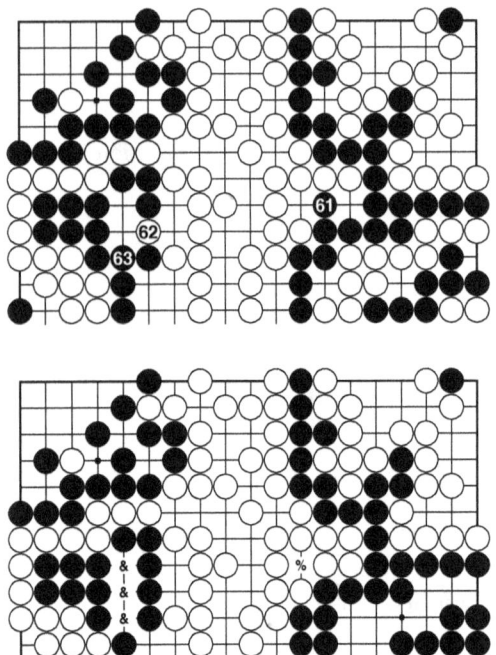

●**161**:
Schwarz verhindert einen weißen Gebietspunkt.

Black prevents one point of white territory.

○**162**:
Weiß verhindert drei schwarze Gebietspunkte.

White prevents three points of black territory.

Im Vergleich zum Referenzpfad hat Schwarz zwei Punkte verloren.

Compared to the Reference Path, Black has lost two points.

Schlüssel-Ergebnisse
Key Results

In diesem Kapitel stellen wir die wesentlichen Ergebnisse und Erkenntnisse in ihrer zeitlichen Reihenfolge dar. Am Anfang steht die professionell bestätigte Widerlegung der Lösung von Fujisawa Hideyuki 9p. Dem schließt sich die Entwicklung unserer Amateur-Lösung an. Wir setzen voraus, dass Sie mit den wesentlichen Elementen und Abfolgen des Problems vertraut sind.

In this chapter, we present in chronological order the main results, and findings. It begins with the professionally confirmed refutation of the solution of Fujisawa Hideyuki 9p, followed by the development of our amateur-solution. We assume that you are familiar with the substantial elements, and sequences, of the problem.

1982 – Fujisawas Schlag-Variante
1982 – Fujisawa's Capture Variation

○130:

In der Variante der Lösung von Fujisawa Hideyuki 9p, der Fujisawa-Lösung (📄 21), schlägt Weiß die schwarze ⊙-Gruppe im Zentrum.
Wir werden diesen Variantentyp im Buch durchgängig mit "Schlag-Variante" bezeichnen.

In the variation of the solution of Fujisawa Hideyuki 9p – the Fujisawa solution (📄 21) – White captures Black's ⊙-group in the centre.
We use the term "Capture variation" throughout this book to name this kind of variation.

●151:

Fujisawas Schlag-Variante endet mit dem Schlagen der weißen ⊙-Gruppe auf der rechten Seite. Das Endspiel auf der linken Seite würde anschließend mit Weiß **A**, Schwarz **B** beginnen, ist jedoch nicht weiter im Detail ausgeführt.
Bitte bedenken Sie, dass zu dieser Zeit die optimale Zugfolge für Weiß noch nicht gefunden war.

Fujisawa's Capture variation ends with the capture of White's ⊙-group on the right. Thereafter, the endgame on the left side would start with White **A**, Black **B**, but is not shown in detail.
Please keep in mind that the optimal moves for White had not yet been found at this time.

Schlüssel-Ergebnisse

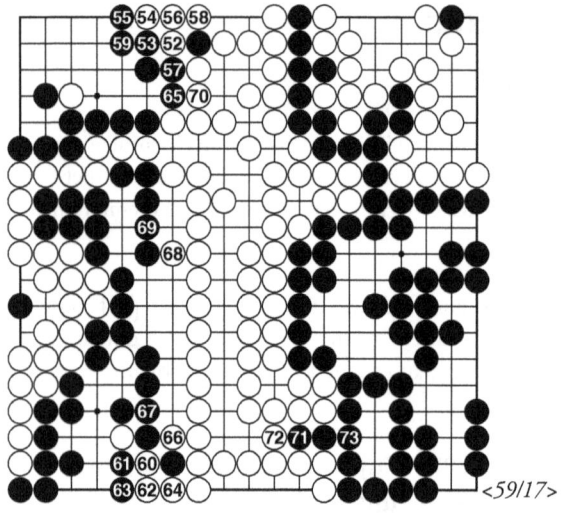

<59/17>

1988 – Das Endspiel im Detail
1988 – The Endgame in Detail

○**152**:

Weiß setzt das Endspiel in der linken oberen Ecke fort. Wir folgen hier der Abfolge, die Cheng Xiaoliu 6p in seinem Buch verwendete. Diese endet mit ○**170**, wir haben die Züge ●**171**, ○**172** und ●**173** ergänzt.

White continues the endgame in the top left corner. Here, we follow the sequence Cheng Xiaoliu 6p used in his book. It ends with ○**170**, we have added the moves ●**171**, ○**172**, and ●**173**.

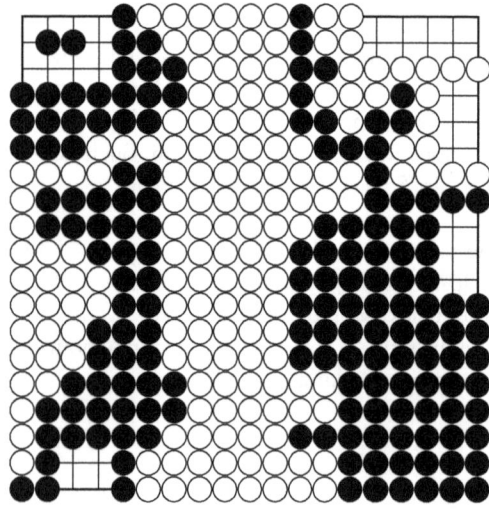

Schwarz gewinnt mit vier Punkten.
Das Igo Hatsuyoron ist ein japanischer Klassiker, also ist es natürlich, in diesem Buch die japanische Art der Ergebnisermittlung zu verwenden.

Black wins by four points.
Igo Hatsuyoron is a Japanese classic, so it is natural to use Japanese territory scoring throughout this book.

2002 – Ein wiedergefundener Stein
2002 – A Rediscovered Stone

Die Problemstellung sieht aus, als könnte sie aus einer Partie stammen. Es gibt jedoch eine kleine Ungereimtheit: Auf dem Brett befinden sich 71 weiße Steine, jedoch nur 70 schwarze Steine. Weiß könnte jedoch auf ⊙ den 71. schwarzen Stein geschlagen und anschließend gedeckt haben. Diese Unausgewogenheit ist in ästhetischer Hinsicht etwas unbefriedigend, jedoch auf einfache Art und Weise nicht zu beseitigen. Es gibt nämlich (unseren Analysen zufolge) kaum eine Möglichkeit, einen schwarzen Stein so auf dem Brett zu platzieren, dass nicht Schlüssel-Abfolgen (oder deren Endergebnisse) davon beeinflusst werden.

The problem looks as if it could have been taken from a game. But there is a small inconsistency: There are 71 white stones, but only 70 black stones, on the board.

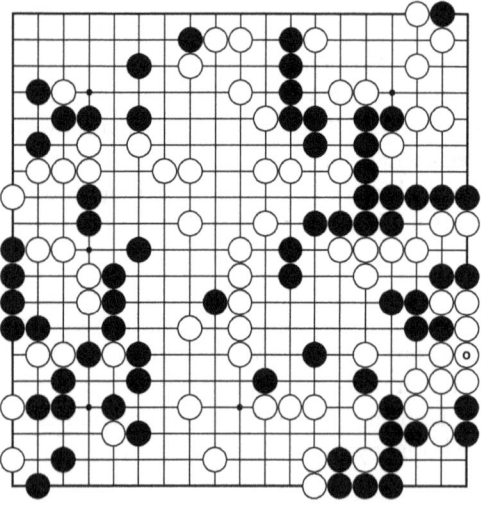

White, however, could have taken the 71st black stone at ⊙ and connected later. This imbalance is aesthetically slightly unsatisfactory, but it would not be easy to eliminate. There is (according to our results) hardly any place to put a black stone on the board, without affecting some key sequences (or their final scores).

Unter Zugrundlegung dieser Hypothese kann Schwarz jedoch nur dann gewinnen, wenn die beste Zugfolge für beide Seiten ansonsten mit einem Sieg von Schwarz mit mindestens zwei Punkten endet.

Wir geben Ergebnisse grundsätzlich als "nur auf dem Brett ermittelt" an, ausgehend von der Problemstellung – das heißt ohne Annahme eines "verlorenen" schwarzen Steines.

On the basis of this hypothesis Black can win, only if the best sequence for both sides would otherwise end with a win for Black, by at least two points.

Unless otherwise stated, we will always give scores as "calculated on the board only", starting with the problem setting – i.e. assuming no "lost" black stone.

2005 – Entdeckung – Ein Oki mit neuem Verwendungszweck
2005 – Discovery – An Oki with a New Purpose

○**132**:

In der Schlag-Variante von Fujisawa Hideyuki 9p schlägt Weiß die schwarze Zentrumsgruppe (●) und zerstört damit das Hanezeki.

In the Capture variation of Fujisawa Hideyuki 9p, White captures Black's centre group (●), destroying the Hanezeki.

●**133**:

Schwarz schlägt zurück.

Black recaptures.

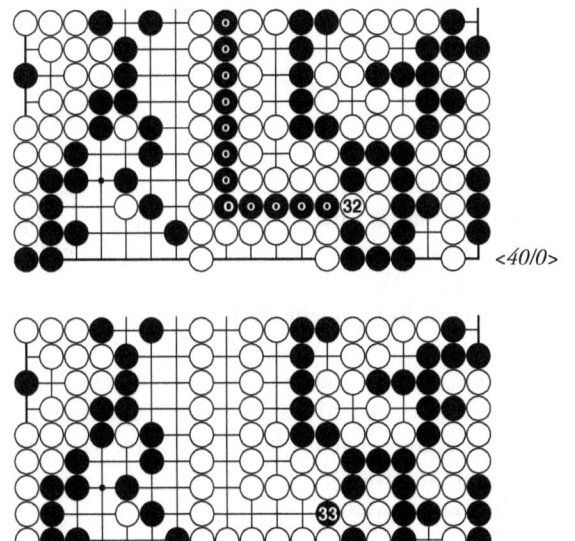

<40/0>

<40/4>

Schlüssel-Ergebnisse

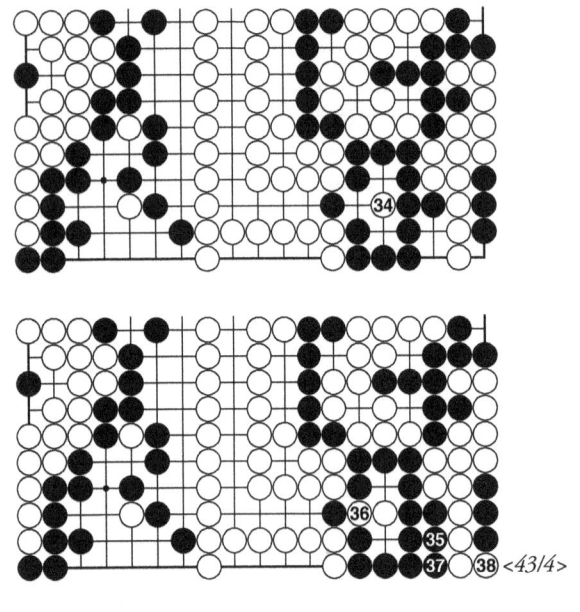

○**134**:

Dieses Oki wurde von Joachim Meinhardt wiederentdeckt und ist entscheidend!

This Oki was rediscovered by Joachim Meinhardt, and is decisive!

●**135**:

Schwarz hat keine andere Wahl und wird in Nachhand enden.

Black does not have any other choice, and will end in Gote.

●**161**:

Schwarz bekommt den letzten wertvollen Zug und verhindert einen weißen Gebietspunkt in dieser Gegend.

Black gets the last valuable move, and prevents one point of white territory in this area.

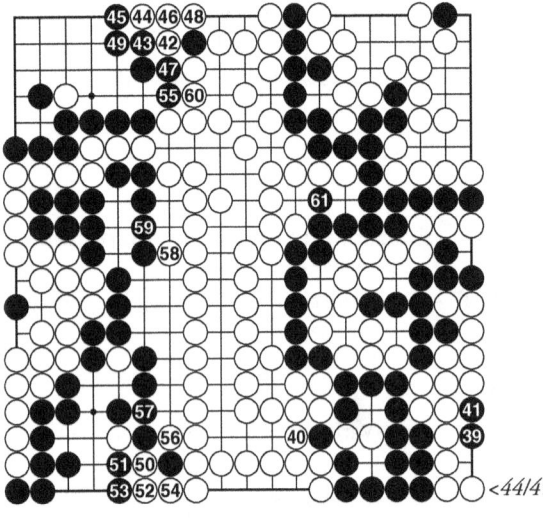

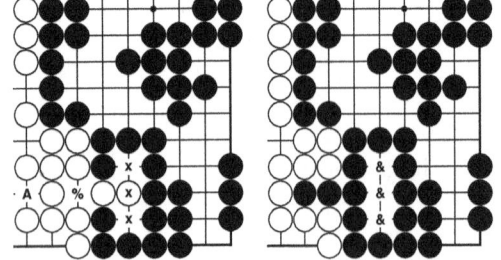

Lokal zerstört Joachims Oki im Vergleich zu Fujisawas Schlag-Variante (**&**) drei schwarze Gebietspunkte, fängt einen schwarzen Stein (**%**) und rettet einen weißen Gebietspunkt (**A**).
Weiß erreicht nunmehr ein Jigo.

Locally, Joachim's Oki destroys three points of Black's territory (**x**) compared to Fujisawa's Capture variation (**&**), captures one black stone (**%**), and saves one point of white territory (**A**).
White now achieves a Jigo.

Key Results

2007 – Ein neuer Zug – Tsuke
2007 – A New Move – Tsuke

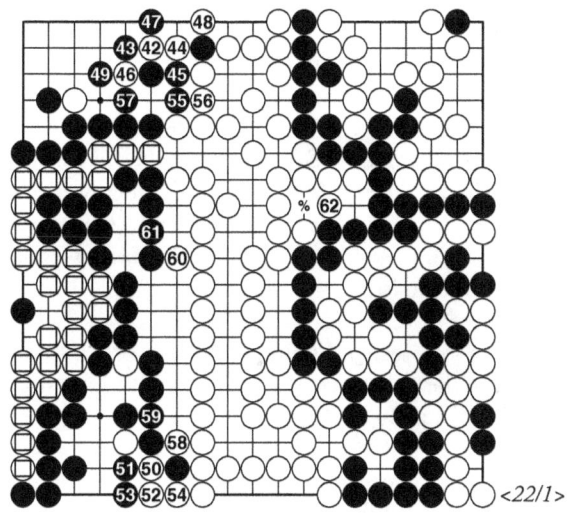

○**142**:

Das Tsuke von Yamada Shinji 5p gewinnt lokal einen zusätzlichen Punkt, verglichen mit dem Zug auf **144** in der Schlag-Variante der Fujisawa-Lösung. Schwarz muss hier mit ●**143** antworten, er kann sich nicht mit **144** wehren (📖 48). Dieses Tsuke ist möglich, wenn garantiert ist, dass die weißen ⊡-Steine auf der linken Seite leben (zum Beispiel wie hier nach dem Schlagen der schwarzen Zentrumsgruppe).

The Tsuke of Yamada Shinji 5p locally wins one additional point, compared to the move at **144** in the Capture variation of Fujisawa's solution. Here Black must answer with ●**143**, and cannot resist at **144** (📖 48). This Tsuke is possible, when it is guaranteed that White's ⊡-stones on the left side are securely alive (as they are here after capturing Black's centre group).

○**162**:

Da das neue Endspiel Weiß Vorhand gibt, bekommt sie den letzten wertvollen Zug und sichert sich einen Punkt Gebiet auf .

White gets the last valuable move, because the new endgame gives her Sente, and gets one point of territory at %.

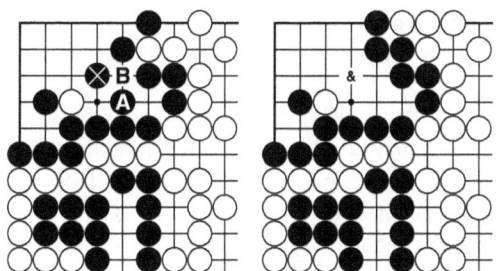

Im Vergleich zu Fujisawas Schlag-Variante (**&**) verliert Schwarz in der Ecke einen Punkt (⊗). Schwarz **A** wird ausgeglichen durch den auf **B** geschlagenen weißen Stein.

In the corner, Black loses one point (⊗), compared to Fujisawa's Capture variation (**&**). Black **A** is balanced by the white stone captured at **B**.

Zusammengenommen gewinnt Weiß nach dem Schlagen der schwarzen Zentrumsgruppe nunmehr mit zwei Punkten. Also muss Schwarz einen Weg finden, Weiß von dieser Variante abzuhalten.

Combined, White wins by two points now, after capturing Black's centre group. Therefore, it is necessary for Black to find a way to prevent White from choosing this variation.

Schlüssel-Ergebnisse

2007 – Das Guzumi – Gute schlechte Form
2007 – The Guzumi – Good Bad Shape

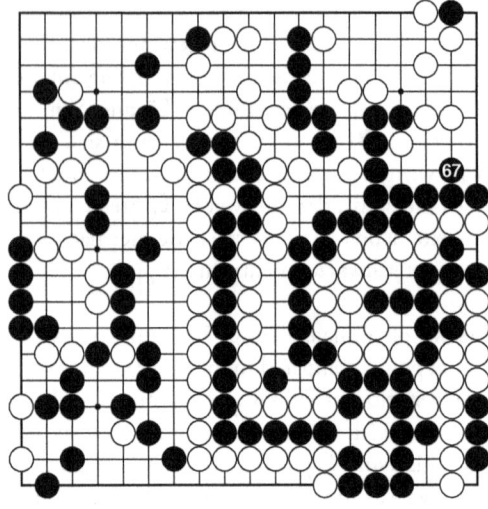

●67:

Nach langer Suche fand ich dieses Guzumi. Es ist, grob gesagt, die einzige Stelle auf dem Brett, an der es möglich ist, weiteres weißes Gebiet zu zerstören, ohne der schwarzen Gruppe rechts oben Freiheiten zu nehmen. Dieser Zug macht auch einen weiteren weißen Annäherungszug (📄 119) erforderlich, was für das im Anschluss diskutierte Hasami-Tsuke entscheidend ist.

After a long search, I found this Guzumi. It is, more or less, the only place where it is possible to destroy additional points of White's territory without taking liberties from Black's group in the top right corner. This move also gains one potential approach-move liberty (📄 119) for Black, which will be essential for the Hasami-Tsuke, discussed next.

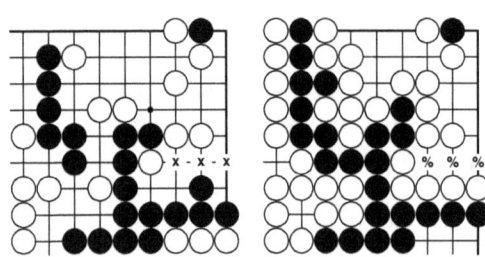

Wenn Schwarz lebt, verliert Weiß drei Gebietspunkte (**x**) aus Fujisawas Schlag-Variante.

If Black lives, then White loses three points (**x**) of territory, compared to Fujisawa's Capture variation.

2009 – Neue Chance – Das Hasami-Tsuke
2009 – New Opportunity – The Hasami-Tsuke

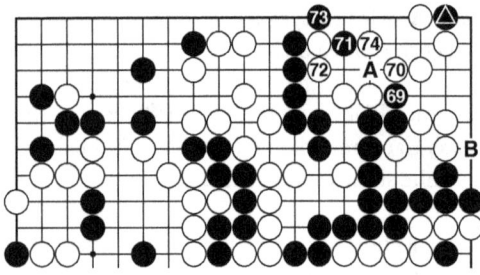

Das Hasami-Tsuke ●71, ein üblicher Endspielzug, ist die Idee von Harry Fearnley und nur im Zusammenspiel mit dem Guzumi möglich. Schwarz muss sich Sorgen um seine Freiheiten machen, und dieser Zug verliert eine direkte Freiheit (**72**). Allerdings erhöht er auch die Anzahl der potentiellen Annäherungszug-Freiheiten (**A**), und auf **B** wartet eine andere Annäherungszug-Freiheit, was den Gewinn einer effektiven Freiheit auf **A** bedeutet. Schwarz verliert also keine Freiheit. Übrigens ist es die Anwesenheit des einzelnen schwarzen ▲-Steins auf der ersten Reihe, die Weiß zu Vorsicht bei der Verteidigung zwingt, da sonst ein schwarzes Auge in Vorhand droht.

The Hasami-Tsuke ●71, a common endgame move, is the idea of Harry Fearnley, and is possible only in conjunction with the Guzumi. Black is worried about his liberties, and this move reduces his direct liberties by one (at **72**). However, it also increases his potential approach-move liberties by one (**A**), and Black has another potential approach-move liberty waiting, at **B**, which gives him an effective liberty at **A**, so losing him no liberties overall. Incidentally, it is the presence of the single black ▲-stone on the first line that forces White to defend cautiously, so as not to let Black get an eye here in Sente.

Wenn Schwarz lebt, verliert Weiß gegenüber Fujisawas Schlag-Variante vier weitere Punkte (%).

If Black lives, White loses a further four points (%), compared to Fujisawa's Capture variation.

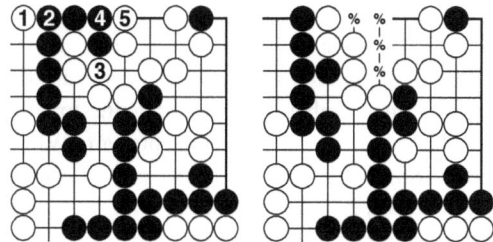

2011 – Die Semeai-Variante
2011 – The Semeai Variation

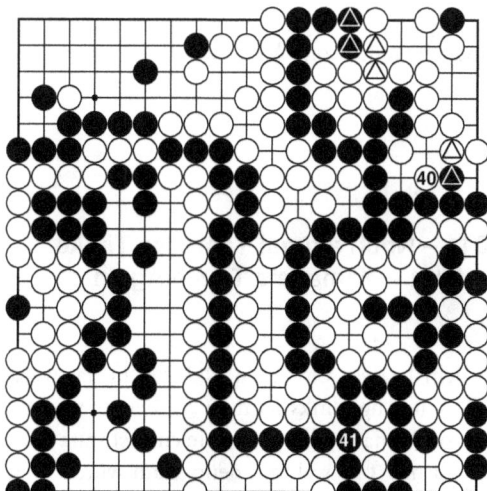

○**140**:

Die Reduktion des weißen Eckgebiets wirkt sich jedoch nur auf die Schlag-Variante aus. Also wird Weiß die für sie günstigere Semeai-Variante wählen, die hier dargestellt ist. Da die rechts oben zusätzlich gespielten schwarzen und weißen Steine () sich ausgleichen, endet diese nach wie vor mit vier Punkten für Schwarz. Details entnehmen Sie bitte 📄 64. Wir werden diesen Variantentyp, in der Weiß, zum Beispiel mit ○**140**, der schwarzen Gruppe rechts oben weitere Freiheiten nimmt (anstatt das schwarze Zentrum mit **141** zu schlagen), im Buch durchgängig mit "Semeai-Variante" bezeichnen.

This reduction of White's corner territory affects the Capture variation only. So White will choose the Semeai-variation, shown here, which is better for her. The additional stones (▲△), played by Black and White at upper right, now compensate for each other, and the game ends with a four-point win for Black. For details, please refer to 📄 64. We use the term "Semeai variation" throughout this book to name this kind of variation, in which White (instead of capturing Black's centre) takes further liberties of Black's top right group, for example with ○**140**.

Schlüssel-Ergebnisse

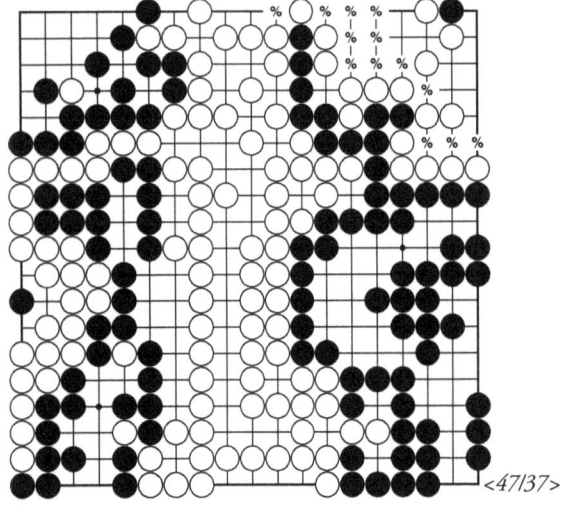

<47/37>

Zum Vergleich – die Schlag-Variante
For Comparison – the Capture Variation

Wählt Weiß die Semeai-Variante, sind Reduktionen der weißen Ecke rechts oben irrelevant (solange dieselbe Anzahl schwarzer und weißer Steine gespielt wird). Jedoch verhindert Schwarz damit, dass Weiß die schwarze Zentrumsgruppe schlägt. In der Schlag-Variante (deren Ergebnis links dargestellt ist und die sonst mit sechs Punkten für Schwarz endet), hätte Weiß ohne jegliche Reduzierung der Ecke 13 Punkte mehr Gebiet.

If White chooses the Semeai variation, then Black's reduction of White's top right corner is irrelevant (as long as the same number of black and white stones is played). However, Black's reduction prevents White from capturing Black's centre group. In the Capture variation (shown at left, and ending with six points for Black), without any reduction of the top right, White would have an extra 13 points of territory.

Ohne Reduktion würde Weiß mit sieben Punkten gewinnen.

Without the reduction, White wins by seven points.

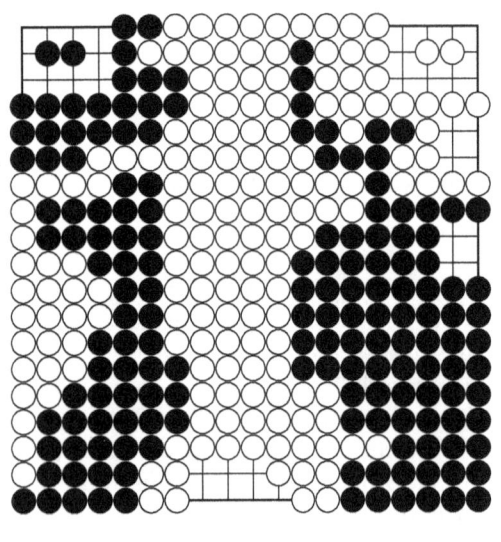

2011 – Noch einmal Yamadas Tsuke
2011 – Yamada's Tsuke Again

○**140**:

Nach dem letzten schwarzen Oki (▲) in das weiße Vier-Punkte-Auge links kann Weiß bereits jetzt das Tsuke von Yamada Shinji 5p spielen. Schwarz kann sich nicht mit **142** wehren, denn dann würde Weiß auf **A** spielen, die schwarzen Steine im Zentrum mit Vorhand schlagen und anschließend links oben ein Seki erreichen (📖 48).

After the last black Oki (▲) inside White's four-point-eye on the left, White can immediately play the Tsuke of Yamada Shinji 5p. Black cannot defend at **142**, because White would play **A**, capture Black's stones in Sente, and thereafter reach a Seki in the top left (📖 48).

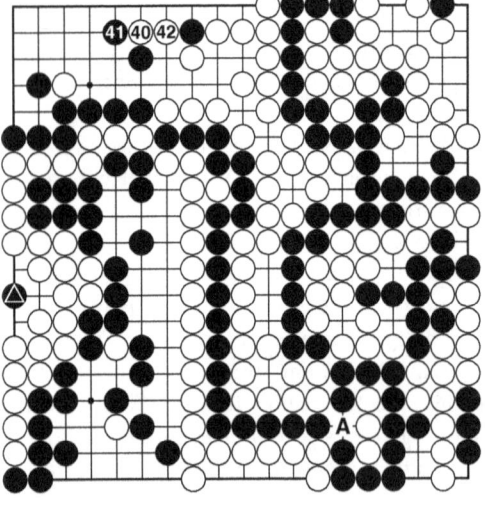

2011 – Die korrekte Reihenfolge der Züge oben rechts
2011 – The Correct Order of Moves at Top Right

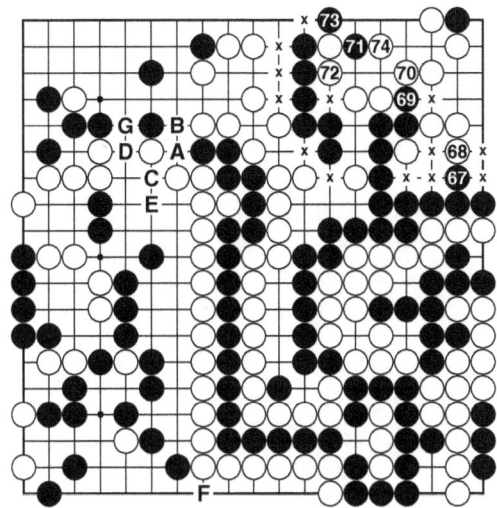

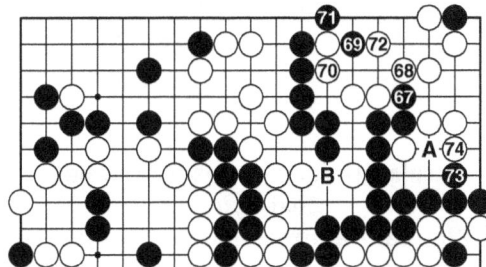

Nach dem Guzumi ●67 und der weißen Antwort auf ○68 reduziert Schwarz mit ●69 bis ●73 die weiße Ecke. Er droht dabei, zwei Augen zu machen und/oder die weiße Ecke zu töten. Die Sequenz von Schwarz **A** bis **G** im Zentrum, wir bezeichnen diese als "Kreuzschnitt-Abfolge", folgt erst anschließend. Im markierten Bereich (**x**) hat Schwarz 13 Freiheiten, die er später in der Semeai-Variante benötigen wird.

After the Guzumi ●67, and White's answer at ○68, Black reduces White's corner with ●69 to ●73, while threatening to make two eyes, and/or kill White's corner. The sequence in the centre from Black **A** to **G**, which we call the "Crosscut sequence", follows afterwards. In the marked area (**x**) Black has 13 liberties, which he will need in the Semeai variation later.

Kürzlich entdeckten wir, dass Schwarz die Reihenfolge auch ändern und zuerst die weiße Ecke reduzieren kann. Es scheint die technisch korrekte Reihenfolge zu sein, das Guzumi zuletzt zu spielen, da so das Miai von **A** und **B** für ein drohendes zweites Auge bis zuletzt erhalten bleibt. Unsere Untersuchungen zu diesem Aspekt sind noch nicht abgeschlossen, das Gesamtergebnis wird nicht beeinflusst, also haben wir es in diesem Buch bei der "historischen" Reihenfolge (zuerst das Guzumi) belassen.

Recently, we recognized that Black can change the order of moves, and reduce White's corner first. Playing the Guzumi last seems to be the technically correct order, because this leaves, for as long as possible, **A** and **B** as Miai for a threatened second eye. It also makes the refutation of some of White's variations here easier for Black. We have not finished our investigations on this issue yet, and the overall result is not affected, so we have kept the "historical" order (Guzumi first) throughout this book.

Schlüssel-Ergebnisse

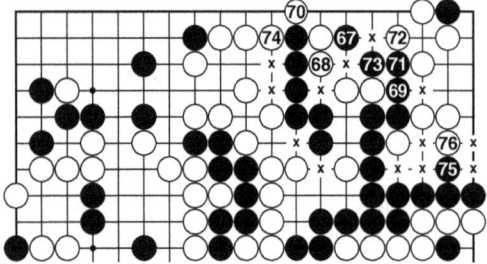

Es ist für Schwarz jedoch nicht korrekt, mit dem Hasami-Tsuke ●67 (ohne anschließendes Anbinden am oberen Rand) zu beginnen. ●69 kann Weiß jetzt mit ○70 beantworten. Schwarz kann hier nicht aggressiv spielen, denn er muss sicher gehen, am Ende noch 13 Freiheiten (**x**) seiner Gruppe rechts oben übrig zu haben. Hier kann Schwarz den Stein auf ●67 also später nicht anbinden.

It is not correct for Black to begin with the Hasami-Tsuke of ●67 (and not connect along the upper edge). White can now answer ●69 with a move at ○70. Black cannot play aggressively here, because he must be sure to keep 13 liberties (**x**) for the group in the top right. So, here he cannot connect the stone at ●67 later.

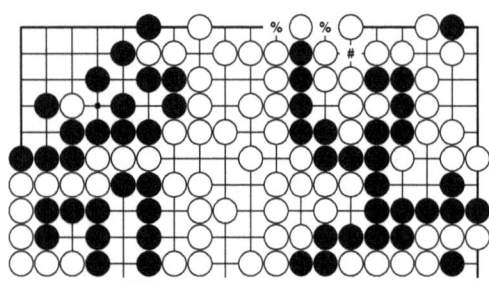

Weiß hat in der rechten oberen Ecke vier zusätzliche Punkte bekommen, verglichen mit der korrekten Zugreihenfolge (Durchstoßen vor Hasami-Tsuke).

In the top right corner, White has gained four points, compared to the correct order of moves (with the push, before the Hasami-Tsuke).

2011 – Kreisförmiges Hanezeki: ein neuer Seki-Typ
2011 – Circular Hanezeki: a New Type of Seki

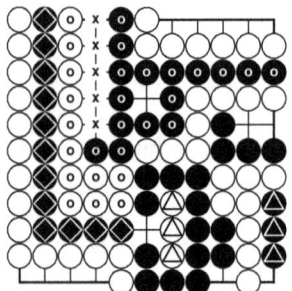

Dieses Diagramm zeigt eine vereinfachte Fassung des Seki, das nach Harrys Variante für Schwarz ●63 im Referenzpfad auftreten könnte (📄 31).

Die weiße ⊙-Gruppe hat keine Augen und mit der schwarzen ●-Gruppe, die ein Auge besitzt, (hier) fünf gemeinsame Freiheiten (**x**). Keine Seite kann die gemeinsamen Freiheiten auf vier reduzieren. Die Anzahl dieser gemeinsamen Freiheiten hängt von der Größe des Nakade (▲△) in der Ecke ab.

This diagram shows a simplified version of the half-board Seki, which could arise after Harry's variation for Black ●63 in the Reference Path (📄 31).

White's ⊙-group has no eyes, and shares common liberties (**x**, five here) with Black's ●-group, which has one eye. Neither side is able to reduce the shared liberties to four. The number of these shared liberties depends on the size of the Nakade (▲△) in the corner.

Key Results

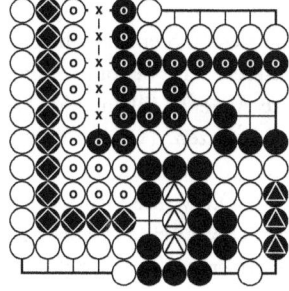

Normalerweise hat ein Hanezeki fünf Gruppen (die schwarze und weiße Gruppe unten rechts, die Nakade-Steine ●▲, und die Hane-Gruppe ◆). Durch das Hinzufügen der ⊙- und ⦿-Gruppen, zusammen mit den einzelnen schwarzen und weißen Gruppen in Seki, ist der Kreis geschlossen – daher der Name Kreisförmiges Hanezeki.

Das ist das kleinste und einfachste Kreisförmige Hanezeki. Größere und komplexere können geschaffen werden, indem man mehr Paare von Gruppen in Seki hat (einschließlich solcher mit großen Augen), mehr Nakade-Steine ●▲, größere Augen für ⊙ und ⦿ und ferner mit der relativen Größe der verschiedenen Gruppen spielt.

Normally, a Hanezeki involves five chains (the black and white groups in the bottom right, the Nakade stones ●▲, and the Hane group ◆). With the addition of the ⊙- and ⦿-chains, together with the single black and white groups in Seki, the circle is closed – hence the name of Circular Hanezeki.

This is the smallest, and simplest, Circular Hanezeki. Larger, and more complex, ones can be created by having more pairs of groups in Seki (including with large eyes), more Nakade stones ●▲, larger eye sizes for ⊙ and ⦿, and playing with the relative sizes of the various groups!

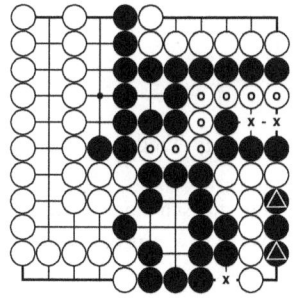

Weiß darf die schwarze Gruppe nicht schlagen.

Nachdem Weiß die schwarze Zentrumsgruppe geschlagen hat und Schwarz zurückgeschlagen hat, benötigt Schwarz zwei Züge, um das weiße Auge zu füllen (▲). Er muss ferner drei Freiheiten besetzen (**x**, eine davon ist eine Annäherungszug-Freiheit), um die markierte weiße Gruppe zu schlagen. Die schwarze Gruppe darüber hat sechs Freiheiten, also kommt Weiß einen Schritt zu spät. Ist die Hane-Gruppe sehr groß, könnte Weiß dennoch im Vorteil sein.

White must not capture Black's group.

After White captures Black's centre group and Black has recaptured, it takes Black two moves to fill White's eye (▲). Black must occupy a further three liberties (**x**, one of which is an approach-move liberty) to capture White's marked group. Blacks group above has six liberties left, so White will be one step too late. If the Hane group is very large, then this could still benefit White.

Schlüssel-Ergebnisse

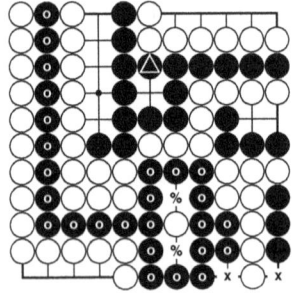

Schwarz darf die drei weißen Steine nicht schlagen.

Nachdem Schwarz die drei weißen Steine geschlagen und Weiß in das Auge gespielt hat, benötigt Weiß zwei Züge, um das schwarze Auge zu füllen (%). Sie muss ferner zwei Freiheiten besetzen. (x, eine davon ist eine Annäherungszug-Freiheit), um die markierte schwarze Gruppe zu schlagen. Die weiße Gruppe hat fünf Freiheiten, also kommt Schwarz einen Schritt zu spät. Eine Änderung der Gruppengröße hilft Schwarz hier nicht.

Black must not capture White's three stones.

After Black captures White's three stones, and White plays inside, it takes White two moves to fill Black's eye (%). She must occupy a further two liberties (x, one of which is an approach-move liberty) to capture Black's marked group. White's group has five liberties left, so Black will be one step too late. Changing the sizes of groups can not benefit Black.

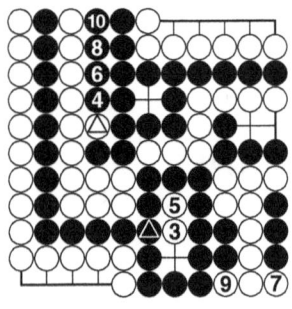

Weiß darf keine gemeinsame Freiheit (△) besetzen.

Schwarz spielt auf △, schlägt drei Steine und gewinnt das Semeai. Eine Änderung der Gruppengröße hilft Weiß hier nicht.

White must not occupy a shared liberty (△).

Black plays at ●, captures three stones, and wins the Semeai. Changing the sizes of groups can not benefit White.

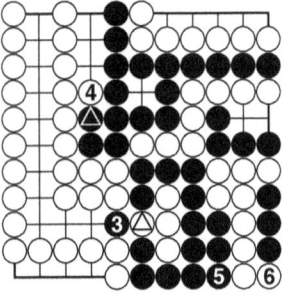

Schwarz darf keine gemeinsame Freiheit (●) besetzen.

White spielt auf △, schlägt die schwarze Gruppe, Schwarz schlägt zurück und Weiß gewinnt das Semeai. Ist die weiße Gruppe in der Ecke sehr groß, könnte Schwarz dennoch im Vorteil sein.

Black must not occupy a shared liberty (●).

White now plays at △, captures the black group, Black re-captures, and White wins the Semeai. If White's group in the corner is very large, this could still benefit Black.

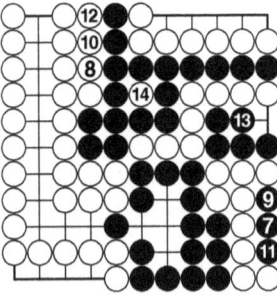

62

Der entscheidende Moment
The Decisive Moment

In diesem Kapitel werden die wesentlichen Abfolgen im Detail dargestellt, die zur Widerlegung der Lösung von Fujisawa Hideyuki 9p führen. Sie beinhalten das von Joachim Meinhardt wiedergefundene Oki.
Alle Abfolgen dieses Kapitels sind durch Profis bestätigt worden.

This chapter shows, in detail, the main sequences, which lead to the refutation of the solution of Fujisawa Hideyuki 9p. They include the Oki, rediscovered by Joachim Meinhardt.
All sequences in this chapter have been confirmed by professionals.

Weiß 132
White 132

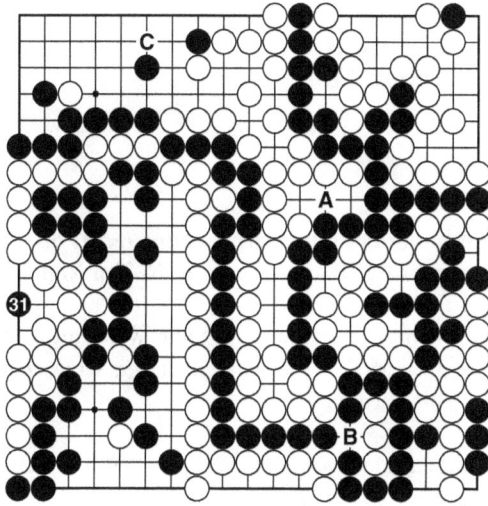

Der entscheidende Moment für Weiß kommt mit ○132. Weiß besitzt zwei Alternativen:

A: Fangen der schwarzen Gruppe rechts oben.
B: Fangen der schwarzen Zentrumsgruppe.

Weiß kann, unseren Analysen zufolge, zuvor noch das Endspiel auf der linken Seite spielen, beginnend mit **C**, dem Tsuke von Yamada Shinji 5p.
Anmerkung: Wir vergleichen hier nur die Auswirkungen der Züge **A** und **B** miteinander.

The decisive moment for White comes with ○132. White has two options:

A: Capture of Black's group at top right.
B: Capture of Black's centre group.

White can – according to our analysis – first play all the endgame on the left side, beginning with **C**, the Tsuke of Yamada Shinji 5p.
N. B.: Here we will compare the impact of the moves **A** and **B** only.

Der entscheidende Moment

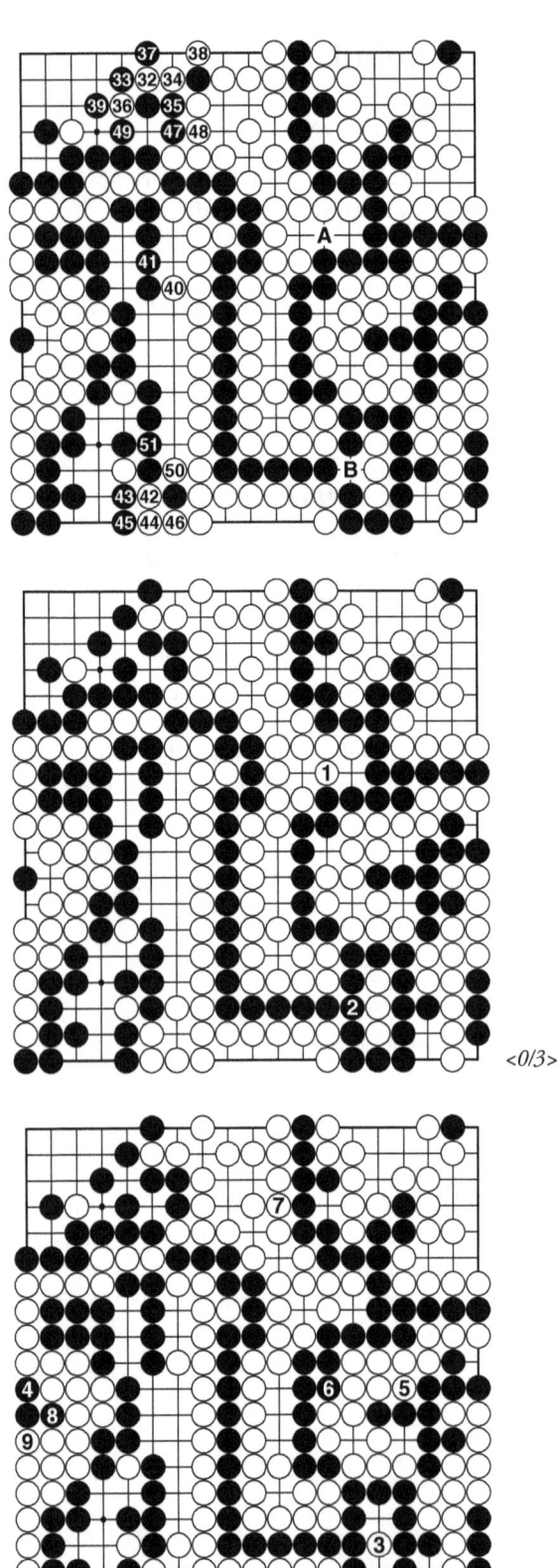

<0/3>

<3/3>

Yamada Shinjis Tsuke
Yamada Shinji's Tsuke

Schwarz kann keinen Widerstand mit ●**133** auf **134** leisten. Weiß würde mit Vorhand auf **B** schlagen und anschließend links oben ein Seki (siehe 📄 48) erreichen.

Black is unable to resist with ●**133** at **134**. White would capture at **B** in Sente, thereafter reaching a Seki in the top left (please refer to 📄 48).

Würde das Brett nach ●**151** ausgezählt, unter der Annahme, dass alle große Gruppen lebten, ergibt sich ein Vorteil von 21 Punkten für Weiß.

If, after ●**151**, we assume that all the big groups are alive, and count the score, it would result an advantage of 21 points for White.

A – Semeai mit der schwarzen Gruppe rechts oben
A – Semeai with Black's Group in the Top Right

Das ist die Semeai-Variante (📄 57), die Weiß mit dem Zug auf ○**1** startet, der eine Freiheit der schwarzen Gruppe rechts oben besetzt.

This is the Semeai variation (📄 57), which White starts with the move at ○**1**, which occupies a liberty of Black's group in the top right.

Anmerkung: Bitte beachten Sie, dass wir wieder im Referenz-Pfad sind, in dem Schwarz das zweite Einwerfen nicht gespielt hat.

N. B.: Please note that we are on the Reference Path again, so Black has not played the second Throw-in.

The Decisive Moment

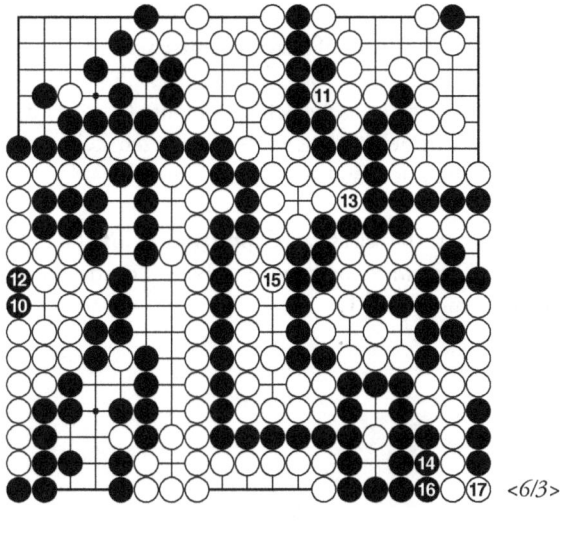
<6/3>

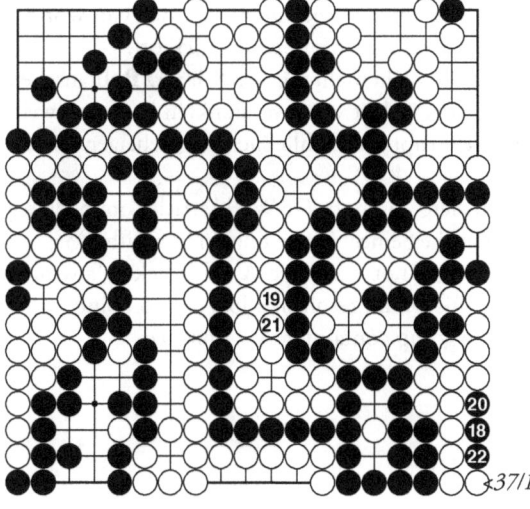
<37/17>

Schwarz:
17 (bereits geschlagen) + 29 (◐) = 46 Gefangene + 46 Gebietspunkte (◐/&) = 92 Punkte.
Weiß:
37 (bereits geschlagen) Gefangene + 32 Gebietspunkte (%) = 69 Punkte.
Ergebnis ab ○**132**: Schwarz + 23.

Black:
17 (already captured) + 29 (◐) = 46 prisoners + 46 points of territory (◐/&) = 92 points combined.
White:
37 (already captured) prisoners + 32 points of territory (%) = 69 points combined.
Result since ○**132**: Black + 23.

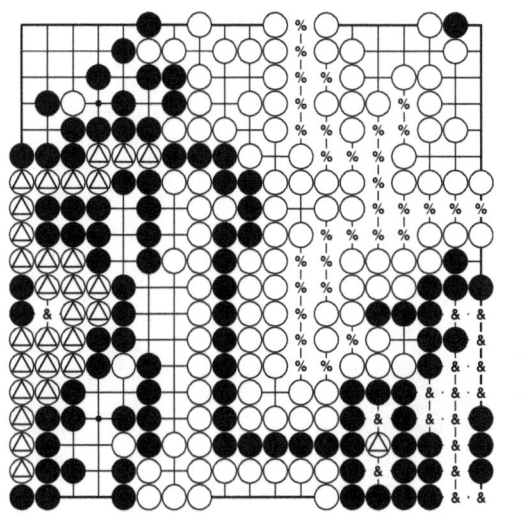

Das Endergebnis ist Schwarz + 2.

Total score is Black + 2.

Der entscheidende Moment

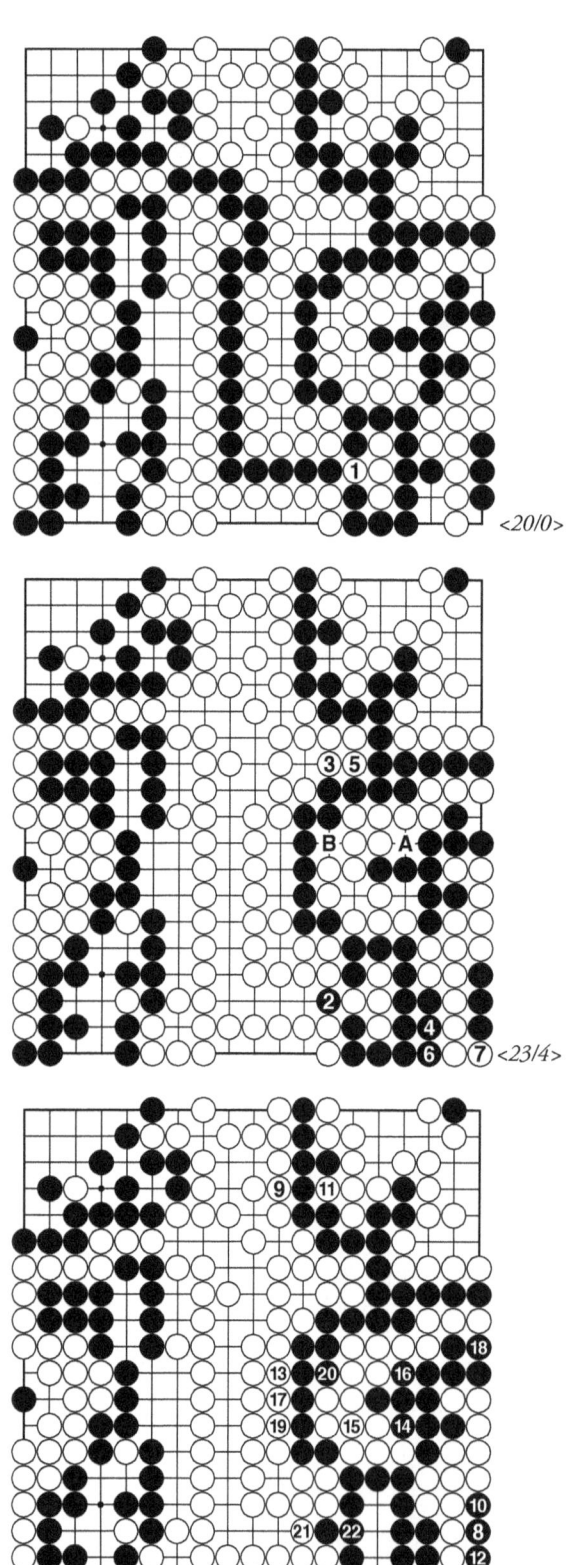

B – Fangen der schwarzen Zentrumsgruppe
B – Capture of Black's Centre Group

Wir stellen die klassische Schlag-Variante (📖 51) dar, die Weiß mit dem Schlagen der schwarzen Zentrumsgruppe durch den Zug auf ○1 beginnt.

We present the classical Capture variation (📖 51), which White starts by capturing Black's centre group, with the move at ○1.

Weiß setzt hier – wie im Artikel der Go World – sofort das Semeai rechts oben mit ○3 fort.

Weiß wird nicht mehr **A** gegen Schwarz **B** abtauschen, da das einen Verlust von zwei Punkten bedeutet, wenn die weiße Gruppe, einschließlich **A**, geschlagen wird.

White here – as in the Go World article – immediately continues the Semeai in the upper right with ○3.

White will not exchange **A** for Black **B** anymore, because this would result in a loss of two points, when the white group containing **A** is captured.

The Decisive Moment

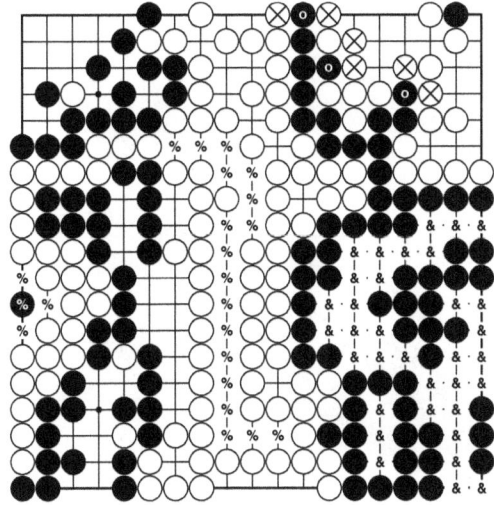

Schwarz:
35 (bereits geschlagene) Gefangene + 34 Gebietspunkte (**&**) = 69 Punkte.
Weiß:
23 (bereits geschlagene) + 1 (**%**) = 24 Gefangene + 22 Gebietspunkte (**%**) = 46 Punkte.
Ergebnis ab ○**132**: Schwarz + 23.

Die Semeai-Variante (**A**) und die (klassische) Schlag-Variante (**B**) sind gleichwertig.

Black:
35 (already captured) prisoners + 34 points of territory (**&**) = 69 points combined.
White:
23 (already captured) + 1 (**%**) = 24 prisoners + 22 points of territory (**%**) = 46 points combined.
Result since ○**132**: Black + 23.

The Semeai variation (**A**), and the (classical) Capture variation (**B**) are of equal value.

Als Gesamtergebnis ergibt sich wiederum Schwarz +2. Aber ohne Reduzierung der weißen oberen Ecke durch Schwarz (●) hätte Weiß sechs Gebietspunkte mehr (⊗) und würde mit vier Punkten gewinnen.

Again, the total score is Black + 2. But without Black's reduction (●) of White's top right corner, White would have six additional points of territory (⊗), and win by four points.

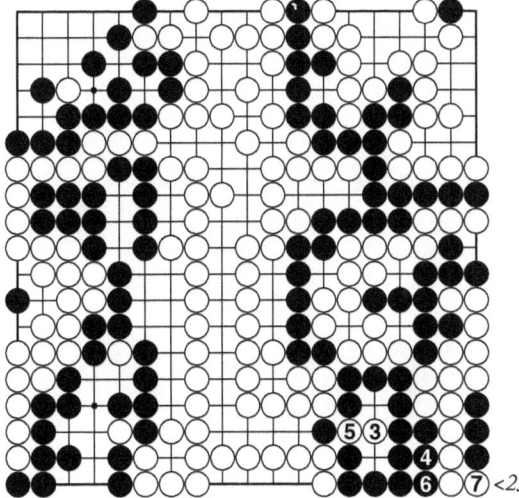

Das vergessene Oki
The Forgotten Oki

○**3**:
Das durch Joachim Meinhardt wiedergefundene Oki auf ○**3** zerstört weitere drei Punkte schwarzes Gebiet. Dieses Oki wurde zwar von Fujisawa Hideyuki 9p verwendet, jedoch nicht in der entscheidenden Abfolge zum Schluss.

The Oki at ○**3**, rediscovered by Joachim Meinhardt, destroys another three points of Black's territory. This Oki was indeed used by Fujisawa Hideyuki 9p, but not within the crucial final sequence.

Der entscheidende Moment

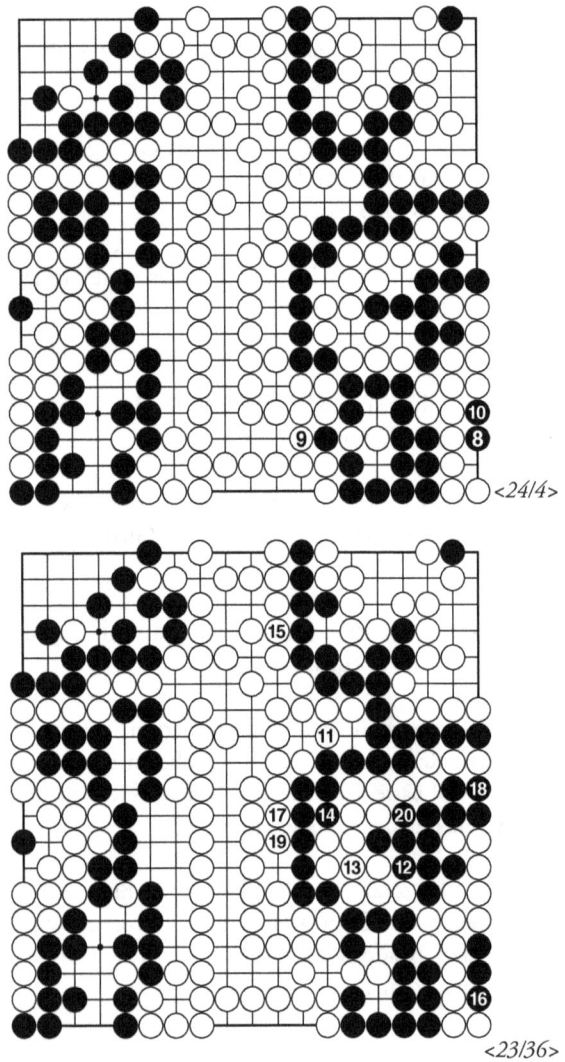

<24/4>

<23/36>

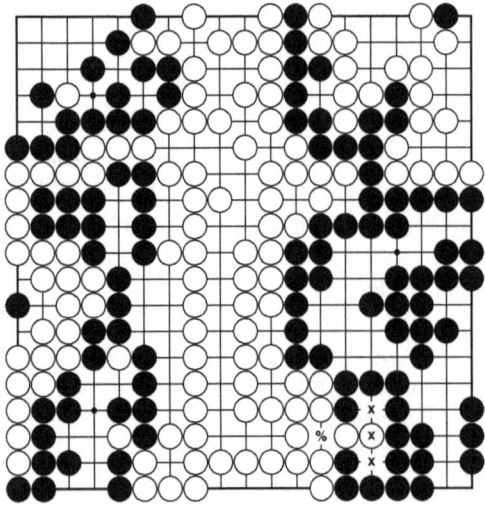

Gegenüber dem vorherigen Endergebnis (Schwarz + 2) hat Schwarz hat drei Gebietspunkte verloren (**x**) und einen seiner Steine (**%**).

Das legt den Grundstein für den Sieg von Weiß.

Compared to the previous result (Black + 2), Black has lost three points of territory (**x**), and one of his stones (**%**).

This lays the foundation for White's victory.

Versteckte Aspekte des Oki
Hidden Aspects of the Oki

Die Widerlegung der Lösung von Fujisawa Hideyuki 9p (🕮 21) beinhaltet eine Zugfolge, die ausführlich durch Profis untersucht wurde. Jedoch fand niemand im entscheidenden Moment dafür eine Anwendung. In diesem Kapitel beleuchten wir verschiedene Aspekte im Zusammenhang mit dem entscheidenden Oki, von denen wir vermuten, dass sie für den oben beschriebenen Effekt verantwortlich sein könnten.

The refutation of the solution of Fujisawa Hideyuki 9p (🕮 21) includes a line of play that was studied, in detail, by professionals. However, no-one found a use for it at the decisive moment. In this chapter we examine various aspects of the decisive Oki, which we think could have been responsible for the effect described above.

Das Oki hat nur einen lokalen Wert
The Oki's Value is Local only

Das Oki zerstört schwarzes Gebiet
The Oki Destroys Black Territory

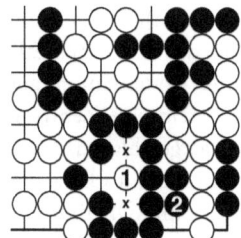

Lokal ist das Oki ○1 der natürliche Zug, da schwarzes Gebiet (x) in Vorhand zerstört wird. Weiß wird auf diesen Zug nur dann verzichten, wenn sie anderswo noch mehr Punkte gewinnen kann.

Locally, the Oki ○1 is the natural move, because it destroys black territory (x) in Sente. White will refrain from using this move, only if she can gain more points elsewhere.

Das Oki macht Schwarz hilflos
The Oki Makes Black helpless

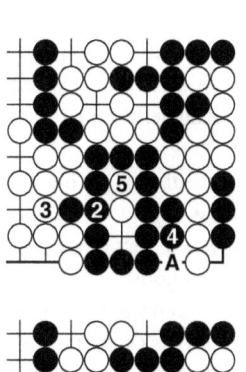

Schwarz kann das weiße Oki nicht fangen. Verbindet er sofort mit ●2, statt auf 4 zu spielen, so kann er nach ○5 nicht mit A Atari geben. Weiß hat das größere Auge und gewinnt das Semeai. Ein weißes Tenuki mit 3 kann Schwarz auch nicht ausnutzen. Selbst wenn er Atari mit ●4 gibt und die weiße Gruppe in der Ecke fängt, kann Weiß ihren Stein mit ○7 retten.

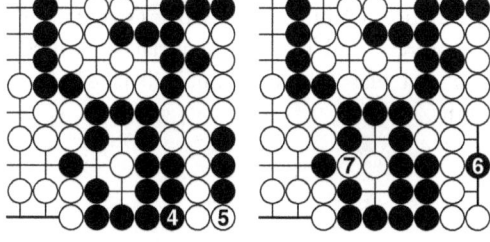

Black cannot capture the Oki. If he connects immediately at ●2, instead of playing at 4, he cannot give Atari at A after ○5. White has the bigger eye, and wins the Semeai. Black can also not take advantage of a white Tenuki with 3. Even if he gives Atari with ●4, and captures White's corner, White can save her stone with ○7.

Versteckte Aspekte des Oki

Das Oki unterstützt keine globalen Ziele
The Oki Does Not Affect Global Issues

Sein territorialer Wert ist sehr klein
Its Territorial Value is Very Small

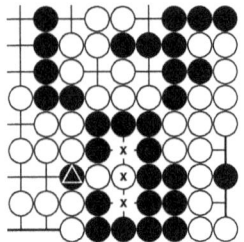

Das Oki ◯**x** zerstört drei schwarze Gebietspunkte (**x**) und bekommt den ▲-Stein als Gefangenen.

The Oki ◯**x** destroys three points of black territory (**x**), and gets the ▲-stone, as prisoner.

Es hilft nicht nach einem schwarzen Fehler
It Does Not Help After a Black Mistake

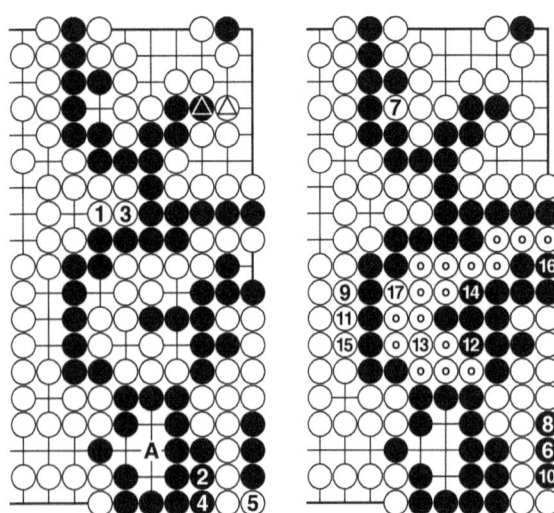

Wenn Schwarz fahrlässigerweise eine Freiheit seiner Gruppe rechts oben verloren hat, zum Beispiel während des Versuchs, weißes Gebiet zu reduzieren (bitte nehmen Sie hier den ●△-Austausch an), so kann ihn Weiß dafür bestrafen, indem sie das "Straf-Semeai" wählt. Wir bezeichnen damit die Kombination aus der Schlag-Variante (Weiß hat das schwarze Zentrum geschlagen und Schwarz hat zurückgeschlagen), und der Semeai-Variante, in der Weiß nun nicht Oki auf **A** spielt, sondern eine schwarze Freiheit mit ◯**1** nimmt.

Schwarz benötigt sechs Züge, um alle nach unten hin liegenden Freiheiten der weißen ⊙-Gruppe zu besetzen (Schwarz ●**4** und ●**12** wurden von Weiß lokal beantwortet). Die große schwarze Gruppe hatte zu Beginn nicht mehr als sechs Freiheiten, also gewinnt Weiß das Semeai um einen Zug.

Es wäre ein schwerer Fehler, mit Weiß ◯**1** auf **A** zu spielen, denn Schwarz würde ohnehin auf **2** antworten, und es wäre nun Weiß, die einen Zug verloren hätte.

If Black has, carelessly, lost one liberty of his top right group — for example while trying to reduce White's territory (please assume the ●△-exchange here) — White can punish him by choosing what we call the "Punishment-Semeai" — the combination of the Capture variation (White captures Black's centre, and Black recaptures), and the Semeai variation, wherein White will not play Oki at **A**, but will take a black liberty with ◯**1**.

Black needs six moves to occupy all liberties, at the bottom, of White's ⊙-group (Black ●4 and ●12 are answered by White locally). Black's large group did not have more than six liberties at the very beginning, so Black loses the Semeai by one move.

It would be a grave mistake to play at **A** with White ○**1**, because Black would answer at **2** anyway, and it would be White now, who had lost a move.

Auch nicht im Frühstadium des Semeai
Nor in an Early Phase of the Semeai

○**72**:

Zum ersten Mal zeigt sich das Potential des Oki, nachdem der schwarze Versuch, mit seiner Zentrumsgruppe zu entkommen, links oben geblockt wurde. In der Variante hier schlägt Weiß die schwarze Zentrumsgruppe, die den externen Teils des Hanezeki bildet.

The potential of the Oki appears for the first time, only after Black's attempt to escape with his centre group is blocked at top left. In the variation here, White captures Black's centre group, which is the external part of the Hanezeki.

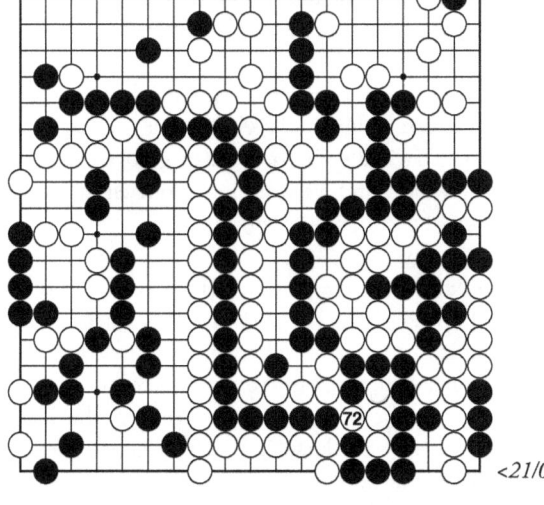

●**73**:

Schwarz schlägt zurück.

Black recaptures.

○**76**:

Die Züge ab hier müssen nicht sofort gespielt werden, sie sind der Deutlichkeit halber dargestellt.

The moves from here on need not be played immediately. They are shown here for the sake of better understanding.

Versteckte Aspekte des Oki

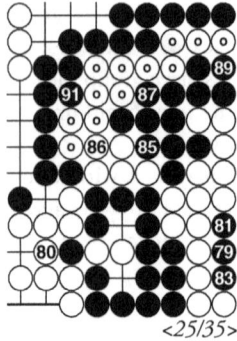

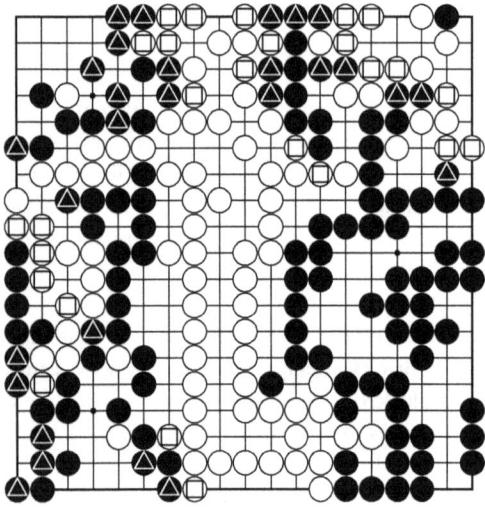

●89, ●91:

Weiß kann nicht verhindern, dass Schwarz von unten her bis ●89 alle Freiheiten ihrer ⊙-Gruppe besetzt und diese mit ●91 schlägt.

White cannot prevent Black from occupying the liberties of her ⊙-group, up to ●89, and then capturing it with ●91.

Wie wir bereits wissen (📄 66), verliert Weiß mit dem Schlagen der schwarzen Zentrumsgruppe 23 Punkte, denn anschließend wird das Hanezeki aufgelöst und Weiß verliert mehr Steine als sie zuvor im Zentrum geschlagen hat.

Ergänzt man die Grenzen zwischen schwarzen und weißen Gebieten durch die ▲□-Steine (es ist nicht entscheidend, wie die Grenzen genau gezogen werden, da wir Gewinne und Verluste im Vergleich zu dieser Endstellung berechnen werden), ...

As we know already (📄 66), White loses 23 points when capturing Black's centre group. This is because the Hanezeki is dissolved thereafter, and White loses more stones than she captured in the centre before.

If we complete the boundaries between the black and white areas with the ▲□-stones (it is not relevant exactly how the borders are drawn, because we will calculate gains and losses in comparison with this final position), ...

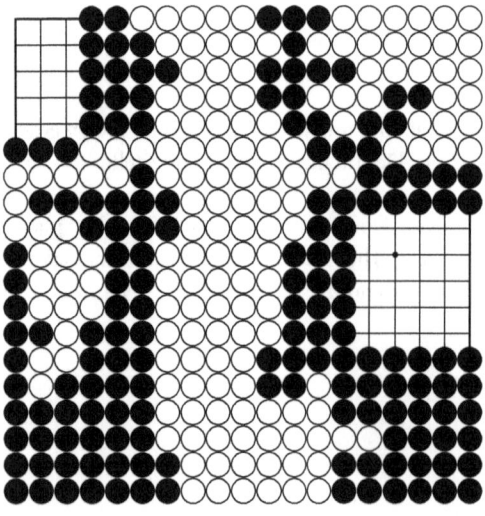

... so erkennt man, dass Schwarz mit ca. 40 Punkten gewinnt. Es ist also ein Fehler, die schwarze Zentrumsgruppe so früh zu schlagen.

Es ist jedoch auch verständlich, wenn bei einem so einfachen Sieg der relativ kleine gebietsmäßige Effekt des Oki in den Hintergrund und während der nächsten 60 Züge in Vergessenheit gerät.

... we can see that Black wins by approximately 40 points. It is thus a mistake to capture Black's centre group so early.

It also is understandable, that, with such an easy victory, the Oki will be given the back seat, and that the relatively small territorial effect of the Oki will fade into oblivion during the next 60 moves.

Hidden Aspects of the Oki

Doch Weiß holt auf
Because White Catches up

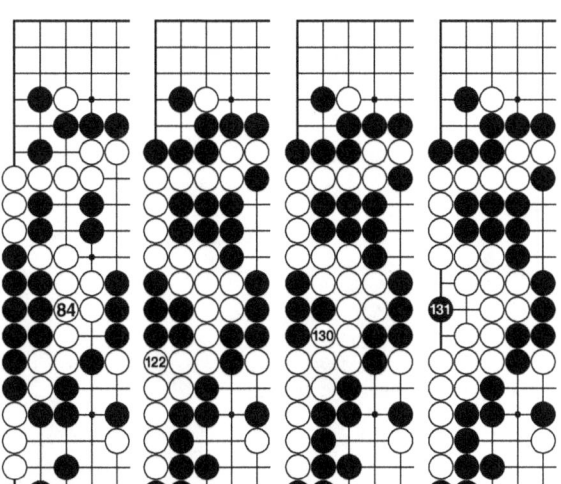

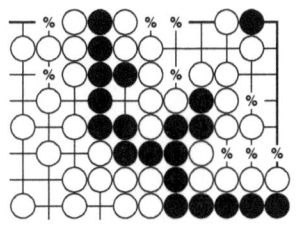

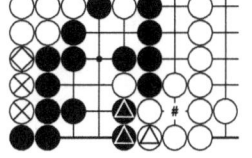

Jedoch:

In den folgenden Phasen der Abfolge gewinnt Weiß, verglichen mit der hypothetischen Grenzziehung auf der vorigen Seite, Punkt um Punkt hinzu, sowohl beim Schlagen schwarzer Steine im Nakade auf der linken Seite (19 Gefangene + 4 Gebietspunkte = 23 Punkte), ...

However:

In the ensuing stages of each of the sequences, White gains point after point, both by capturing black stones in the Nakade on the left side (19 prisoners + 4 points of territory = 23 points combined), ...

... beim Besetzen der Freiheiten der schwarzen Gruppe rechts oben (9 Gebietspunkte, %), als auch in der linken unteren Ecke (4 Gefangene, ◇/⊗/# + 6 Gebietspunkte, ▲/△/⊗/# = 10 Punkte). Weiß hat insgesamt 42 Punkte aufgeholt und gewinnt daher mit zwei Punkten.

Der vormals sehr geringe Wert des Oki (vier Punkte) ist zum Matchwinner geworden. Hätte Weiß den Wert des Oki nicht aufgrund einer etwa 100 Züge zurückliegenden Erfahrung nun so gering eingeschätzt, so hätte sie einen schwarzen Sieg verhindern können.

Es brauchte die fokussiertere Sicht eines Amateurs, um das sichtbar zu machen. Ein kleiner lokaler Vorteil mag global entscheidend sein ...

... and while occupying the liberties of Black's top right group (9 points of territory, %), and also by taking points in the lower left corner (4 prisoners, ◇/⊗/# + 6 points of territory, ▲/△/⊗/# = 10 points combined) – all these points are calculated, as compared to the hypothetical borders on the previous page. White has caught up by 42 points in total, and thus now wins by two points.

The formerly very low value of the Oki (four points), has become the game winner. Had White not undervalued the Oki, on the basis of prior calculations 100 moves earlier, she could have prevented a Black win.

It needed the more focussed view of an amateur to make this visible. A tiny local gain might be decisive globally ...

Guzumi rechts oben
Guzumi at Top Right

Dieses Kapitel erläutert die Konsequenzen des von den Profis übersehenen Zugs, von dem wir meinen, dass er Schwarz ermöglicht, wieder zu gewinnen. Die meisten der hier dargestellten Zugfolgen sind noch nicht professionell abgesichert. Zur klaren Unterscheidung stellen wir diese unbestätigten Abfolgen immer nach dem zweiten Einwerfen dar (siehe 🗎 88), während die bestätigten Abfolgen dieses nicht beinhalten.

This chapter explains the consequences of the move, overlooked by professionals, which we think gives the victory back to Black. Most of the sequences shown here have not yet been professionally validated. To keep the distinction clear, we present these not-yet-validated sequences always with the second Throw-in (please refer to 🗎 88), and the validated ones are without it.

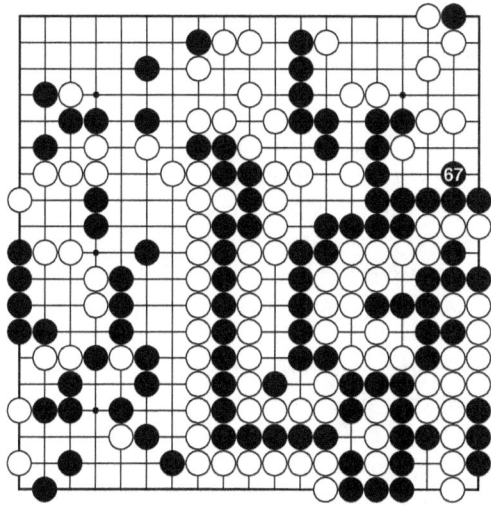

●67:

Dieses Guzumi gewinnt für Schwarz.

This Guzumi wins for Black.

Auswirkungen des Guzumi
Effects of the Guzumi

Weiß verliert Gebiet
White Loses Territory

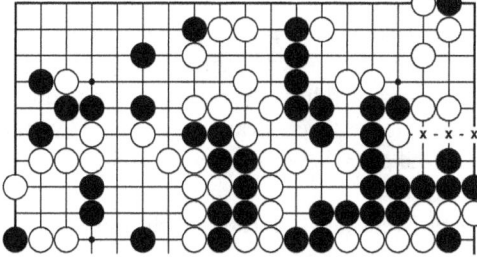

Das ist die einzige Gegend auf dem Brett, in der Schwarz zusätzliches weißes Gebiet (**x**) eliminieren kann, ohne seiner Gruppe rechts oben oder einer der Schlüssel-Abfolgen Schaden zuzufügen.

This is the only area on the board where Black can destroy additional white territory (**x**), without doing any harm to his upper right group or to any of the key-sequences.

Guzumi rechts oben

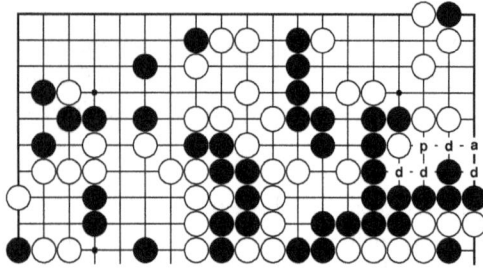

Schwarz behält seine Freiheiten
Black Keeps his Liberties

Schwarz darf keine einzige zusätzliche Freiheit verlieren, wie bei der Variante zu ●99 (📄 41) gezeigt wurde. Es ist also wichtig, dass das Guzumi ohne negative Auswirkungen auf die schwarzen Freiheiten ist. Schwarz hat zwei potentielle Annäherungszug-Freiheiten (**p/a**, 📄 119) gewonnen, was aus **a** eine echte Freiheit macht (und den aus einer weißen Antwort auf **d** resultierenden Verlust einer direkten Freiheit ausgleicht).

Black must not lose a single additional liberty, as shown in the variation for ●99 (📄 41). Thus, it is important that the Guzumi is without negative effect on Black's liberties. Black has gained two potential approach-move liberties (**p/a**, 📄 119), making **a** a real liberty (to balance the direct liberty he loses by White's answer at **d**).

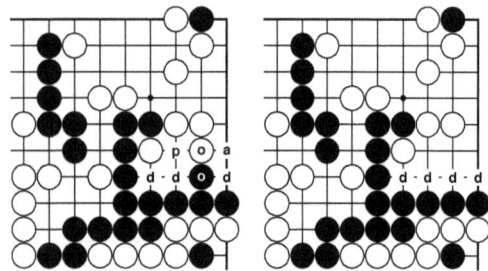

Bei gleicher Anzahl gespielter Steine (●○) besitzt Schwarz effektiv vier Freiheiten (**a/d**), ebenso viele wie ohne das Guzumi (**d**). Bekommt die schwarze Gruppe jedoch ein Auge bzw. eine weitere Annäherungszug-Freiheit, so ist aus der potentiellen Annäherungszug-Freiheit auf **p** eine effektive Freiheit geworden.

With the same number of stones played (●○), Black has four effective liberties (**a/d**) – as many as without the Guzumi (**d**). However, if Black's group gets an eye or a further approach-move liberty, then the potential approach-move liberty at **p** becomes an effective liberty.

Es drohen zwei Augen
It Threatens Two Eyes

Mit dem Guzumi droht Schwarz die dargestellte Abfolge. Jeder der Züge ●2, ●4 und ●6, mit dem Schwarz die weiße Ecke reduziert, droht ebenfalls zwei Augen. Mit den Zügen ●8 - ●12 realisiert Schwarz diese Augen dann wirklich. Eine wichtige Konsequenz ist, dass Weiß in dieser Ecke durch das Besetzen schwarzer Freiheiten keine Punkte mehr in Vorhand gewinnen kann.
  Verzichtet Weiß auf ○3 (und spielt zum Beispiel auf 9), fängt Schwarz drei weiße Steine mit einem Zug auf 7. Verzichtet Weiß auf ○5, so macht Schwarz 5 Miai aus **A** und **8** oder **9** und sichert sich auf diese Weise sein zweites Auge. Verzichtet Weiß auf ○7, …

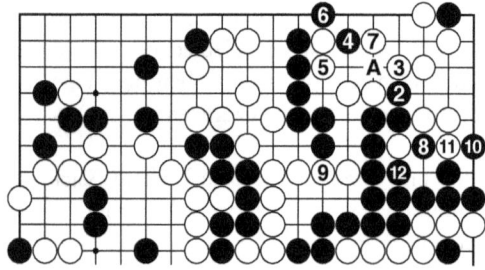

Guzumi at Top Right

The Guzumi (see previous page) threatens the sequence shown. Each of the moves ●2, ●4, and ●6, while reducing White's corner, also threatens two eyes. Finally, these eyes are realised by ●8 - ●12. An important consequence is that White can no longer gain points in this corner in Sente by occupying Black's liberties.

If White does not play at ○3 (for example plays at **9** instead), Black captures three white stones, with a move at **7**. If White does not play at ○5, Black **5** makes Miai of **A** and **8**, or **9**, and so secures his second eye. If White does not play at ○7, ...

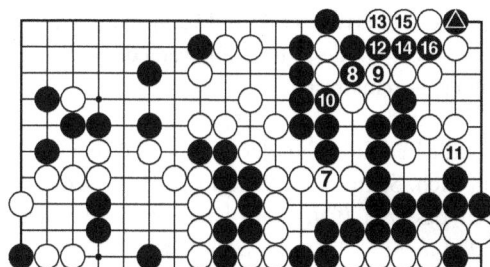

... fängt Schwarz zwei Steine mit ●8 - ●10 in Sente, und sichert sich dann sein zweites Auge mit ●12. Weiß kann sich nicht mit ○13 und ○15 wehren, denn nach ●16 leidet sie unter Freiheitsnot und ihre Eckgruppe wird sterben. Hiermit dürfte auch klar geworden sein, welchen Zweck der einsame schwarze ▲-Stein auf der ersten Reihe hat.

... then Black captures two stones with ●8 - ●10 in Sente, and secures his second eye with ●12. White is unable to resist with ○13, and ○15, because she will suffer from a shortage of liberties, and her corner group will die, after ●16. It should now be evident why there is that single, lonesome, ▲-stone on the first line.

**Das Hasami-Tsuke rechts oben
The Hasami-Tsuke in the Upper Right**

Das Hasami-Tsuke ●1, eine Idee von Harry Fearnley, ist jetzt möglich. Der einzelne schwarze Stein auf ▲ schwächt die weiße Ecke. Spielt Weiß nicht auf ○4, kann Schwarz ein Auge in Vorhand durch das Fangen zweier Steine bekommen und wird genügend Freiheiten behalten.

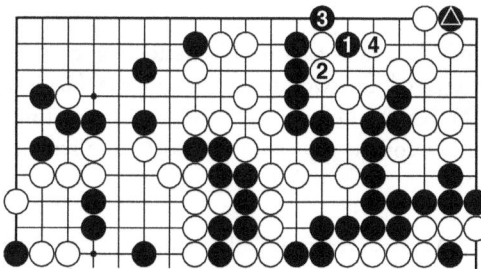

The Hasami-Tsuke of ●1 – a suggestion of Harry Fearnley – is possible now. Black's single stone at ▲ weakens White's corner. If White does not play at ○4, Black will get an eye, in Sente, by capturing two stones, and will maintain sufficient liberties.

Guzumi rechts oben

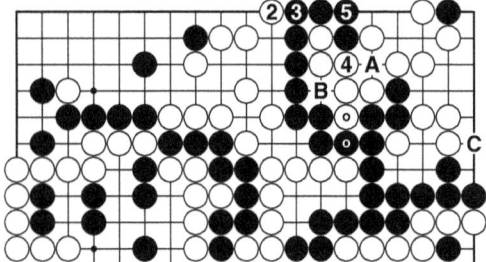

Nach dem ●○-Austausch wird deutlich, dass das falsche Auge auf **A** eine zusätzliche Annäherungszug-Freiheit geworden ist. Weiß kann sich nicht direkt auf **B** annähern, sondern muss zuvor **A** spielen, bedingt durch die weitere (potentielle) Annäherungszug-Freiheit auf **C**. **A** und **C** bilden eine effektive Freiheit für Schwarz. Obwohl Schwarz eine direkte Freiheit verloren hat, ist die Anzahl seiner Freiheiten gleich geblieben.

After the exchange of ●○, it will become evident that the false eye at **A** is an additional approach-move liberty. White cannot approach directly at **B**, but must play **A** first, because there is another (potential) approach-move liberty at **C**. **A**, and **C**, form an effective liberty for Black. So, despite having lost a direct liberty, Black's liberties remain stable.

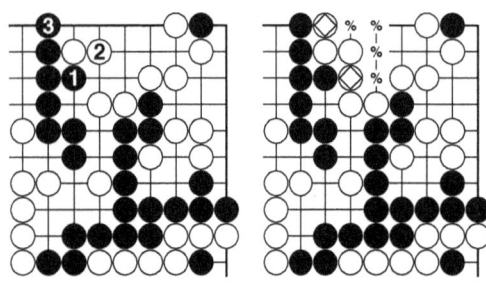

Hier ist die Reduktion aus der Fujisawa-Lösung (📄21) zum Vergleich. Später wird Weiß in der Ecke schwarze Freiheiten besetzen (◇). Weiß hat hier vier Gebietspunkte (%) mehr als beim Hasami-Tsuke.

For comparison, here is the sequence of the Fujisawa solution (📄 21). Later on, White will occupy Black's liberties in the corner (◇). White has four points of territory more than with the Hasami-Tsuke (%).

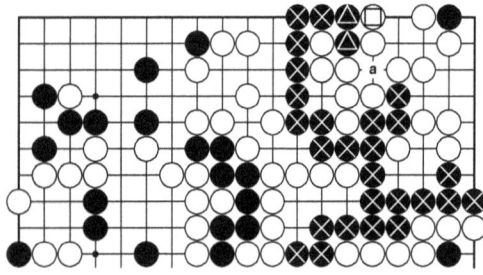

Schlägt Weiß später hingegen die schwarze Gruppe rechts oben, so hat sich diese durch das Hasami-Tsuke zwar um zwei Steine vergrößert (▲), Weiß hat dann jedoch auch zwei zusätzliche Steine in ihre Ecke gestellt (◻/a). Das Endergebnis bleibt also unbeeinflusst.

Should White later capture Black's top right group, it has increased by two stones due to the Hasami-Tsuke (▲), but White has played two additional stones (◻/a) in her corner, too. Thus the final score remains unaffected.

Jedoch ist das Hasami-Tsuke ohne gleichzeitiges Guzumi nicht möglich.

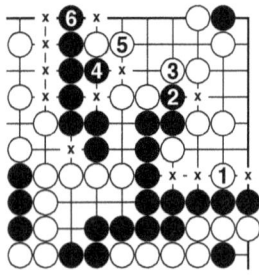

Das Diagramm zeigt die rechte obere Ecke nach der Reduktion durch Schwarz im Referenzpfad. Die schwarze Gruppe besitzt zwölf Freiheiten (**x**). Auf 📄 41 ist gezeigt, dass Schwarz keine Freiheit davon aufs Spiel setzen darf.

Guzumi at Top Right

However, the Hasami-Tsuke (see previous page) is not possible without the Guzumi, as well.

The diagram shows the upper right corner after the reduction by Black in the Reference Path. The black group has twelve liberties (**x**). It is shown on 🗎 41 that Black must not put any of these at risk.

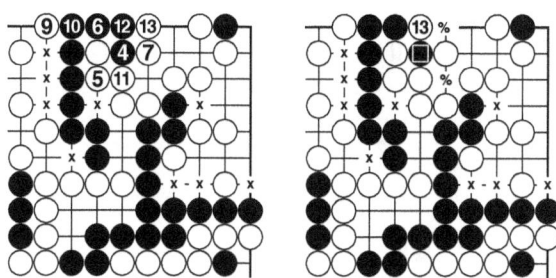

Hier reduziert Schwarz mit dem Hasami-Tsuke ●4. Verbindet Schwarz später jedoch seine Steine, so endet er mit nur noch neun Freiheiten (**x**), allerdings sind die Tenuki **8** und **14**, mit denen er der weißen Gruppe an linken Rand Freiheiten nimmt, mit einzurechnen. Also hat Schwarz insgesamt eine Freiheit verloren. Somit kann Schwarz nicht beide Steine **4** und **6** anbinden, was das Hasami-Tsuke entwertet.

Schwarz sollte mit ●12 Tenuki spielen, um seine große Gruppe zu retten (mit neun Freiheiten und drei Tenuki), Weiß behält vier Punkte Gebiet (%/■). Schwarz hat durch das Hasami-Tsuke nichts gewonnen.

Here, Black reduces with the Hasami-Tsuke ●4. But, if Black later connects his stones, he will end up with only nine liberties (**x**). But we have to include his Tenuki with **8**, and **14**, taking liberties of White's group on the left side. So, Black has effectively lost one liberty. Therefore, Black can not connect both **4** and **6**, making the Hasami-Tsuke worthless.

Black should play Tenuki with ●12 to save his big group (with nine liberties, and three Tenuki moves), and White keeps four points of territory (%/■). Black gained nothing by the Hasami-Tsuke.

Die Ecke links oben
The Upper Left Corner

Wir haben die Züge **A** bis **R** für Weiß untersucht. Eine Sammlung von über 1.000 Varianten kann gefunden werden unter:

We investigated the moves **A** to **R** for White. A collection of over 1,000 variations can be found at:

http://dgob.de/dgoz/trmdpe/newweb3/htm/0000.htm

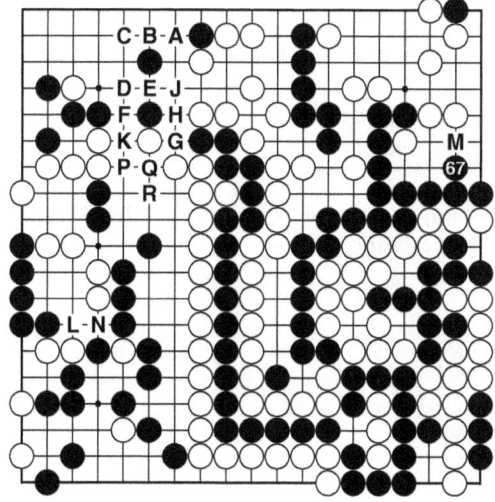

Guzumi rechts oben

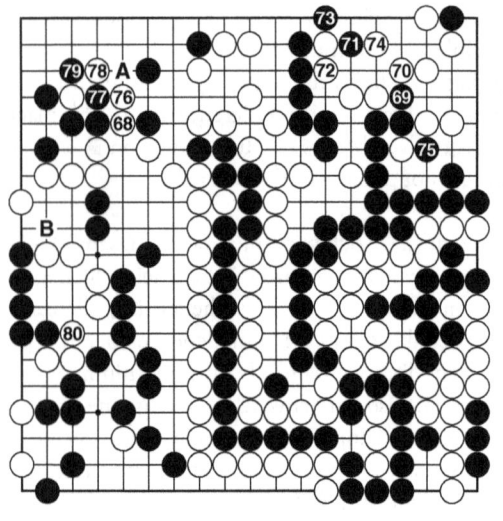

<2/4>

Wenn Schwarz rechts oben leben muss
If Black is Forced to Live at Top Right

Nach einem Zug wie zum Beispiel ○**68**, mit dem sich Weiß links das Leben sichert, ist Schwarz gezwungen, in der rechten oberen Ecke mit ●**69** - ●**75** zu leben.

After a move like ○**68**, for example, making life for White at left, Black is forced eventually to live in the top right corner with ●**69** - ●**75**.

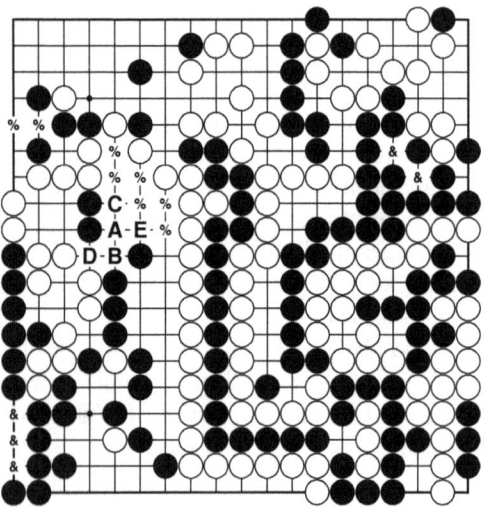

Schwarz hat vier Punkte Gebiet und vier Gefangene bekommen (**&**). Weiß hat die Option auf maximal acht Punkte im Zentrum (mit der Abfolge von **A** bis **E**) und am linken Rand (**%**).

Soweit ist das Ergebnis bislang ausgeglichen. Jedoch muss Schwarz noch einen großen Teil der linken oberen Ecke behalten.

Black has got four points of territory, and four prisoners (**&**). White has the option to get up to eight points in the centre (using the sequence from **A** to **E**), and on the left edge (**%**).

The result is balanced, so far. But, Black must still keep most of the top left corner.

Vergleich zum Referenzpfad
Comparison with the Reference Path

Weiß folgt ab ○**68** den Ideen des Referenzpfades. Weiß schlägt neun Steine.

From ○**68** on, White follows the ideas of the Reference Path. White captures nine stones.

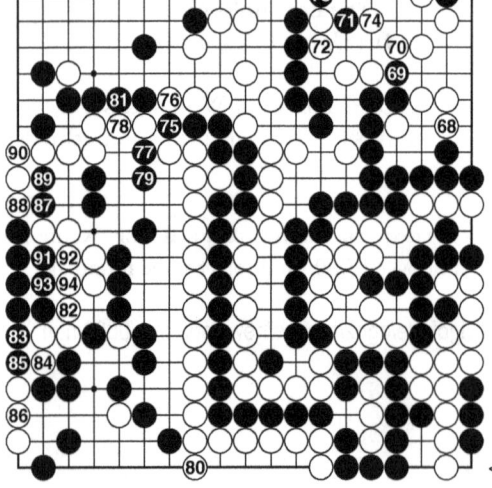

<11/0>

Guzumi at Top Right

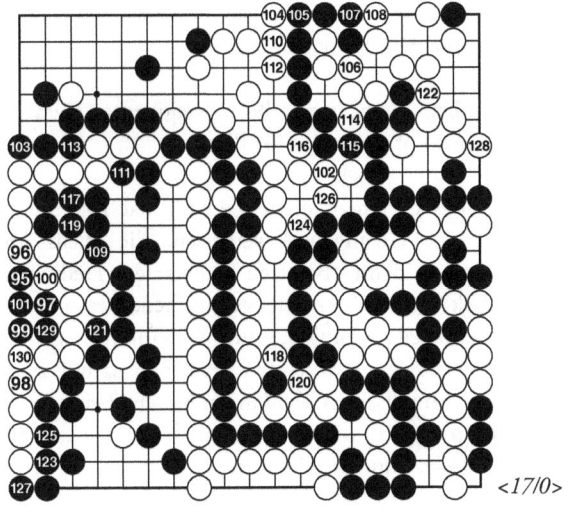

Weiß schlägt weitere fünf Steine.

White captures a further five stones.

<17/0>

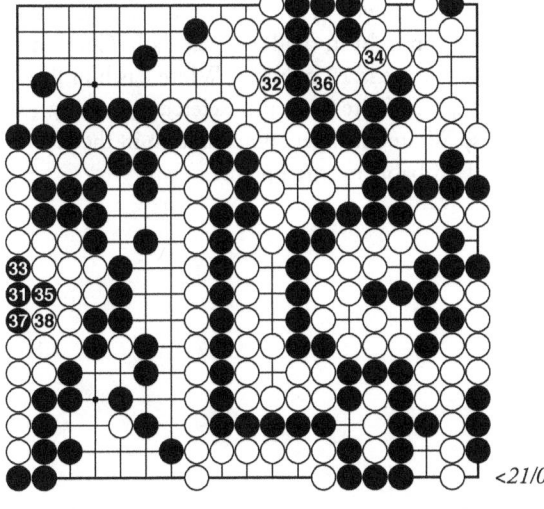

Weiß schlägt weitere vier Steine.

White captures a yet further four stones.

<21/0>

Weiß hat links fünf Punkte Gebiet.
Insgesamt hat die Nakade-Abfolge, in der Schwarz wiederholt geopfert hat, 23 Punkte gebracht.

White has got five points of territory on the left.
Altogether White got 23 points with the Nakade sequence, in which Black sacrifices repeatedly.

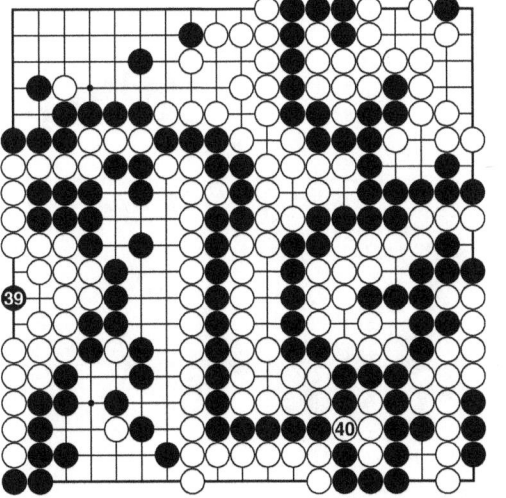

Das Schlagen des Zentrums mit ○**140** kostet Weiß allerdings 24 Punkte. 23 Punkte ergeben sich aus der Herleitung auf 🗎 66, ein Punkt kommt hier als Effekt des zweiten Einwerfens (🗎 89) hinzu.

But, capturing the centre with ○**140** costs White 24 points. 23 points result from the reduction detailed on 🗎 66, and one point is due to the effect of the second Throw-in (🗎 89).

Guzumi rechts oben

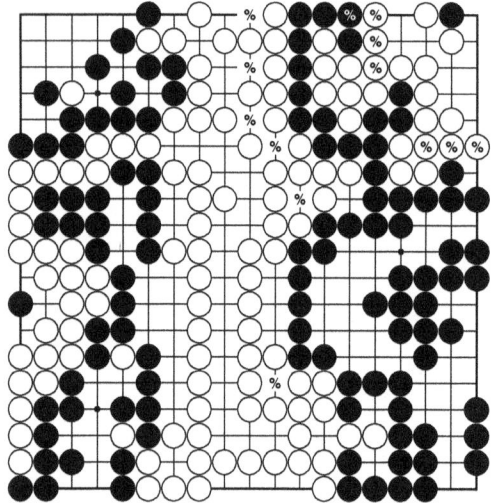

Beide Abfolgen zusammen enden somit mit einem Vorteil von einem Punkt für Schwarz.

Altogether, combining both sequences gives a resulting gain of one point for Black.

Allerdings darf man nicht die maximal 14 Punkte (13 % + 1 Gefangener) vergessen, die Weiß im Referenzpfad beim Besetzen schwarzer Freiheiten rechts bekommt. Zusammengenommen, beträgt der schwarze Vorteil 13 Punkte, wenn Weiß ihn rechts oben leben lässt. Weiß gewinnt den Referenzpfad mit zwei Punkten, also muss sich Weiß in der linken oberen Ecke eine Kompensation von wahrscheinlich etwas über zehn Punkten holen, um zu gewinnen.

But one must not forget the maximum 14 points (13 % + 1 prisoner), White gets by occupying Black's liberties at top right in the Reference Path. Combined, Black's advantage is 13 points, if White lets him live in the top right. White wins the Reference Path by two points, so White must get compensation in the top left corner of probably over ten points to win.

Guzumi at Top Right

Weiße Probleme
White's Problems

Das Guzumi macht aus den weißen Wahlmöglichkeiten ein zweischneidiges Schwert
The Guzumi Makes White's Options a Double-Edged Sword

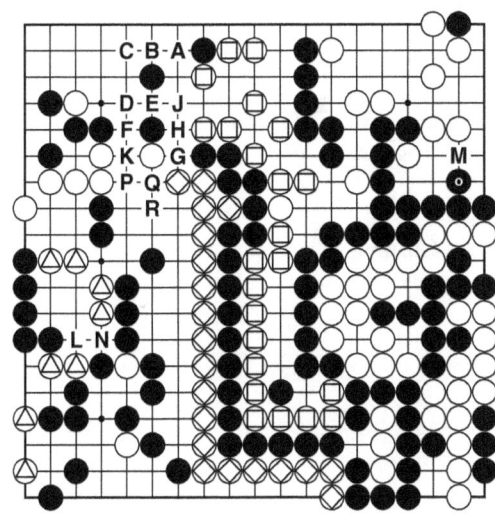

Im Referenzpfad (📄 11) gibt es für Schwarz keine Wahlmöglichkeiten, alle verfügbaren Optionen liegen auf Seiten von Weiß. Das Gleiche gilt auch nach dem Guzumi ⬤, vorausgesetzt, Weiß folgt dem Referenzpfad mit **M**. Spielt Weiß jedoch rechts oben Tenuki und wählt einen der anderen markierten Züge (**A - R**), geraten die Probleme in den Fokus, die Weiß mit dem unabhängigen Leben ihrer markierten Gruppen oben (⬜), unten (◇) und links (△, insbesondere deren unteren Teil) besitzt. Welche der Optionen für einen folgenden weißen Zug wird welcher Gruppe helfen?

The Reference Path (📄 11) provides no choices for Black; all the available options are White's. The same applies to the Guzumi ⬤, provided that White follows the Reference Path with **M**. However, if White plays Tenuki at top right, and chooses one of the other labelled moves (**A - R**), the problems that White has getting independent life for her marked groups at the top (⬜), the bottom (◇), and the left (△, especially its lower part), will come into focus. Which of White's options for the following move will help which group?

Die Gruppe am oberen Rand
The Group on the Upper Edge

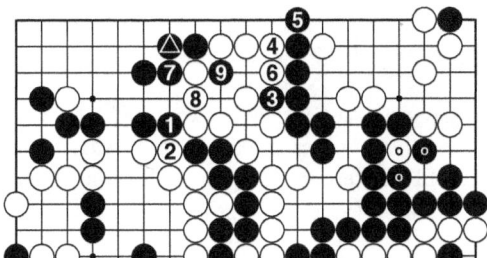

Hat Schwarz seinen Stein am oberen Rand mit ▲ gesichert, so reduzieren die Züge ●1 und ●3 die weiße Gruppe auf nur ein Auge. Wenn die schwarze Gruppe rechts oben selbst zwei Augen (⊙) bekommen hat, muss Weiß die schwarze Zentrumsgruppe vom Brett nehmen, was sie bekanntlich über 20 Punkte kostet.

If Black has saved his stone at the top with ▲, the moves ●1 and ●3 reduce the white group to only one eye. If Black's group in the top right has got two eyes (⊙), White must take Black's centre group off the board. And this costs White over 20 points, as we know already.

Guzumi rechts oben

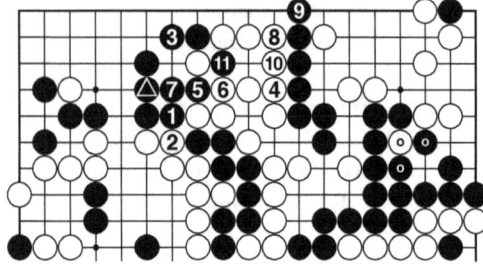

Das gilt ebenso, wenn Schwarz zum Zug auf ▲ kommt. Jetzt rettet Schwarz mit ●3 seinen einzelnen Stein, Weiß kann nicht mehr als ein Auge bekommen. Wieder muss Weiß die schwarze Zentrumsgruppe schlagen.

This applies equally, if Black has got a stone at ▲. Now Black saves his single stone with ●3; White cannot get more than one eye. Again, White has to capture Black's centre group.

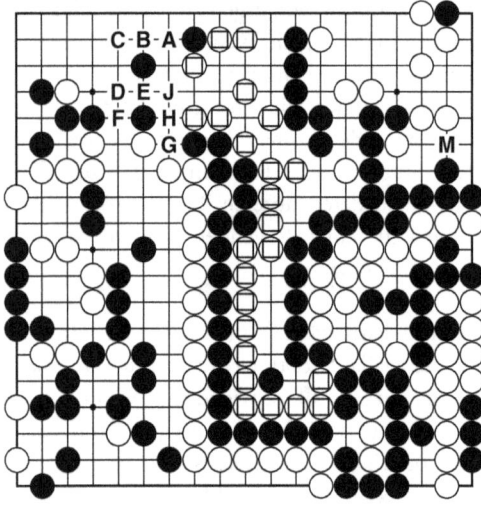

Weiß kann ihre ⬜-Gruppe durch einen der markierten Züge nach dem Guzumi in Sicherheit bringen.

After the Guzumi, White can provide safety for her ⬜-group, by playing one of the labelled moves.

Die Gruppe am unteren Rand
The Group on the Lower Edge

Nach der Kreuzschnitt-Abfolge im Zentrum (▲⬜) kann Schwarz die weiße Gruppe mit ●1 auf ein Auge reduzieren. Weiß kann zwar das schwarze Gebiet noch verkleinern, muss jedoch irgendwann die schwarze Zentrumsgruppe schlagen.

After the Crosscut sequence in the centre (▲⬜), Black can reduce White's group to one eye with ●1. White can reduce Black's territory to some extent, but finally she must capture Black's centre group.

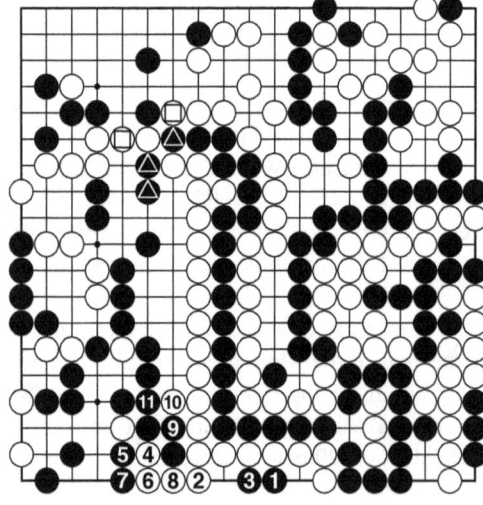

Guzumi at Top Right

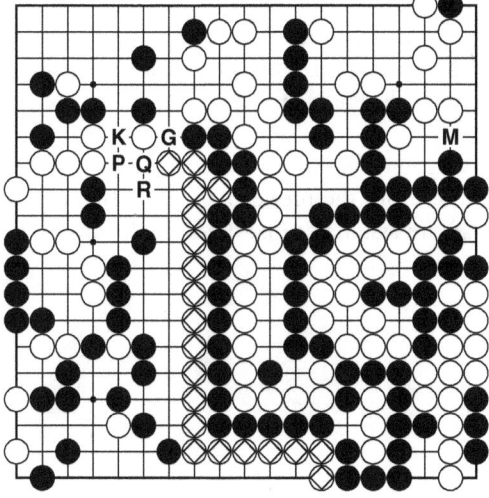

Weiß kann ihre ◌-Gruppe durch einen der markierten Züge nach dem Guzumi sichern.

After the Guzumi, White can secure her ◌-group with any of the labelled moves.

Die Gruppe am linken Rand
The Group on the Left Side

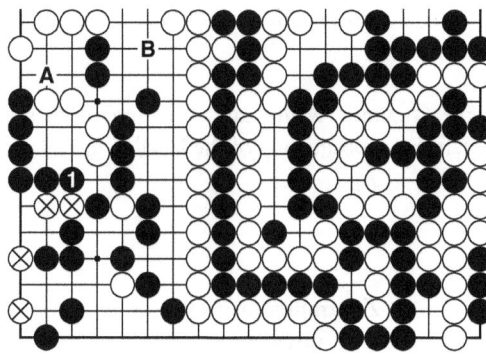

Schwarz fängt mit ●1 vier weiße Steine in der linken unteren Ecke. Es droht ein Folgezug auf **A**, um weitere vier weiße Steine zu fangen. Schwarz gewinnt mindestens 13 Punkte. Das kann helfen, einen Verlust in der linken oberen Ecke zu kompensieren. Schwarz kann statt ●1 auch sofort auf **A** spielen, außer in Fällen, in denen zum Beispiel ein weißer Zug auf **B** Vorhand gegen die schwarze Gruppe rechts oben ist.

Black captures four white stones in the lower left corner with ●1. It threatens a follow-up move at **A**, to capture another four white stones. Black profits by at least 13 points. This might help to compensate for a loss in the upper left corner. Black can also play at **A** with ●1 immediately, except in cases where a white move, such as **B**, is Sente against Black's top right group.

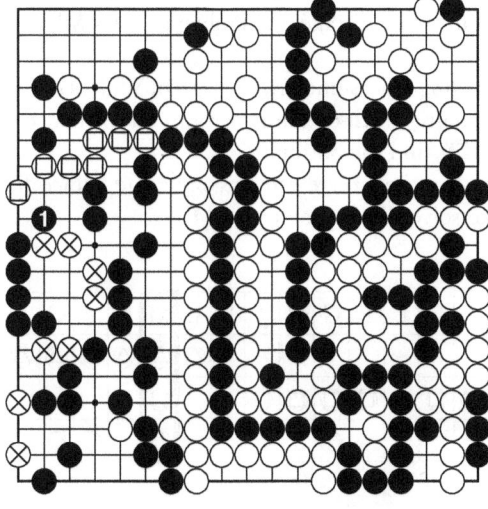

In manchen Varianten ist es Schwarz möglich, mit ●1 alle Weißen am linken Rand zu fangen. Muss Weiß die schwarzen Steine im Zentrum vom Brett nehmen, zum Beispiel. weil sie andernfalls ein Semeai links oben (◻) verlieren würde, kann Schwarz es sich leisten, die komplette linke obere Ecke zu opfern.

There are variations in which Black will be able to capture all of White's stones on the left side, with ●1. If White is forced to take Black's centre group off the board – for example if there is a Semeai she cannot win on its own (◻), and still win – Black can afford to give up the entire upper left corner.

Guzumi rechts oben

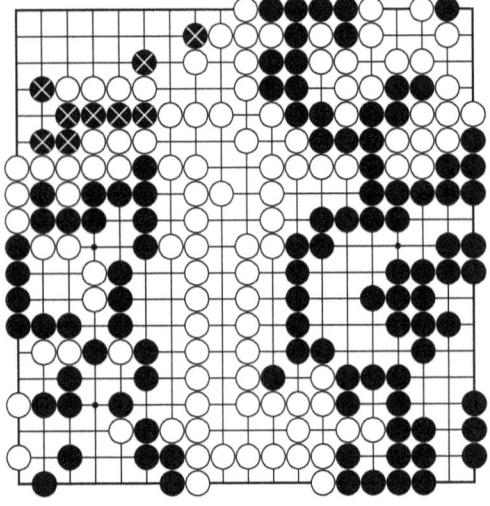

Dieses Diagramm zeigt das Ergebnis einer denkbaren Fortsetzung des vorherigen Diagramms. Die markierten Steine (⊗) werden als tot angenommen. Schwarz gewinnt mit sechs Punkten.

This diagram shows the result of a possible continuation from the previous diagram. The marked stones (⊗) are assumed to be dead. Black wins by six points.

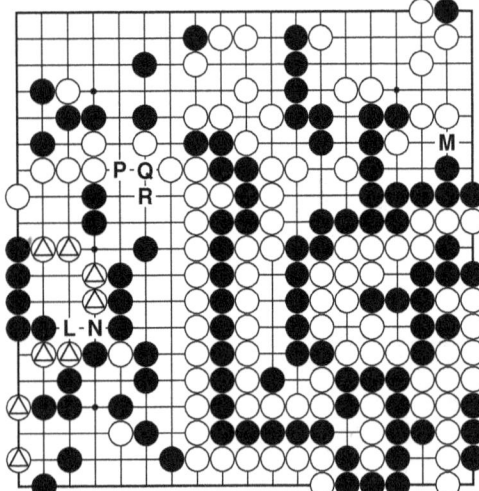

Weiß kann der Gefahr aus dem Weg gehen, indem sie nach dem Guzumi einen der hier markierten Züge wählt.

After the Guzumi, White can avoid hazard to the group at left, by choosing any of the labelled moves.

Zusammenfassung
Conclusion

Die folgende Tabelle fasst zusammen, welche weißen Züge (**A - R**) welche der weißen Gruppen links (△), oben (▢) und unten (◇) sichern.

Zusammengenommen verbleibt nur noch eine Option für Weiß, die alle ihre Probleme löst – **M**!

The following table summarizes which of White's moves (**A - R**) secure which of White's groups on the left (△), the top (▢), and the bottom (◇).

Taken together, there remains only one choice for White to solve all her problems – **M**!

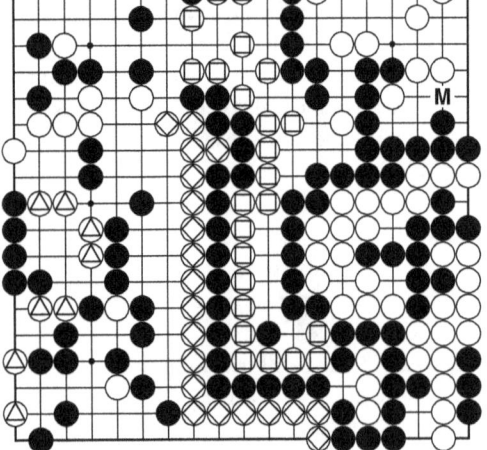

A	B	C	D	E	F	G	H	J	K	L	M	N	P	Q	R
										△	△	△	△	△	△
▢	▢	▢	▢	▢	▢	▢	▢				▢				
					◇			◇			◇		◇	◇	◇

Weitere Erkenntnisse
Additional Results

In diesem Kapitel betrachten wir einige ältere Kommentierungen zum Seki in der rechten unteren Ecke. Wir schlagen einige Verbesserungen vor und beleuchten einige Aspekte, die wir nicht ganz verstehen konnten.

Der Leser mag dieses Kapitel überspringen, da es für ein grundsätzliches Verständnis des Problems nicht unbedingt erforderlich ist.

In this chapter, we consider some earlier commentaries concerning the Seki in the lower right corner. We suggest some improvements, and attempt to illuminate some things that we could not understand fully.

The reader may skip this chapter, because it is not strictly necessary for a basic understanding of the problem.

Das Seki am rechten Rand
The Seki on the Right Edge

Gemeinsame Freiheiten im Seki
The Seki's Shared Liberties

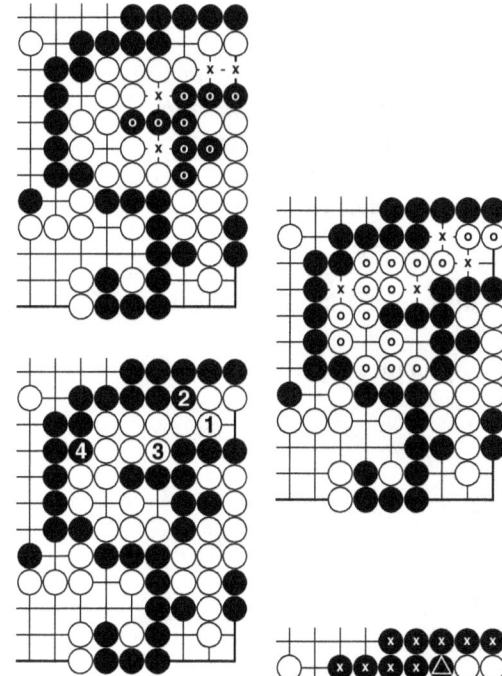

In der Fujisawa-Lösung (📄 21) besitzt die schwarze ◉-Gruppe vier Freiheiten (**x**).

In the Fujisawa solution (📄 21), Black's ◉-group has four liberties (**x**).

Die weiße ⊙-Gruppe hat dort vier Freiheiten (**x**).

White's ⊙-group has four liberties (**x**) there.

○1 und ○3 sind Sente. Schwarz muss sich mit ●2 und ●4 eigene Freiheiten nehmen.

○1 and ○3 are Sente. Black is forced to take his own liberties with ●2 and ●4.

Schlägt Weiß später die schwarze ◉-Gruppe, hat sie fünf Punkte in Vorhand gewonnen (▲/%), von denen einer der früher auf % geschlagene schwarze Stein ist.

If White later captures Black's ◉-group, she has gained five points in Sente (▲/%), one of which is the Black stone earlier captured at %.

87

Weitere Erkenntnisse

Nach dem frühen Hanezeki-Austausch
After the Early Hanezeki-Exchange

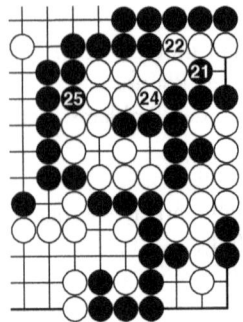

●21 - ○22 ist ein früher Abtausch (gespielt bei der Bildung des Hanezeki) und eine Verbesserung, die in der Chinesische Ausgabe (1988) des Igo Hatsuyoron gefunden werden kann.

●21 - ○22 is an early exchange (played, while creating the Hanezeki), and is an improvement to be found in the Chinese edition (1988) of Igo Hatsuyoron.

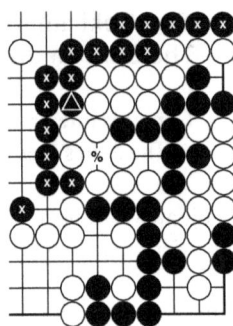

Schlägt Weiß die schwarze ✪-Gruppe, hat sich der Vorteil um zwei Punkte auf drei Punkte (▲/%) reduziert.

If White later captures Black's ✪-group, her gain has been reduced, by two points, to three points (▲/%).

Das zweite Einwerfen
The Second Throw-in

Die Fortsetzung
The Continuation

Schwarz wirft zum zweiten Mal mit ●19 ein.

Black throws-in for a second time with ●19.

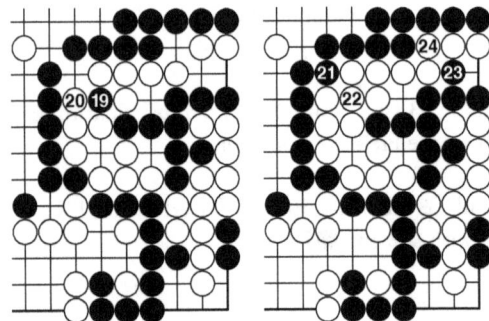

●21 und ●23 sind Sente.

●21, and ●23, are Sente.

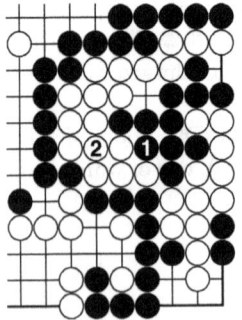

Der spätere Austausch ●1 gegen ○2 ist das Privileg von Schwarz.

The exchange of ●1 and ○2 is Black's privilege later.

Die Auswirkungen
The Impact

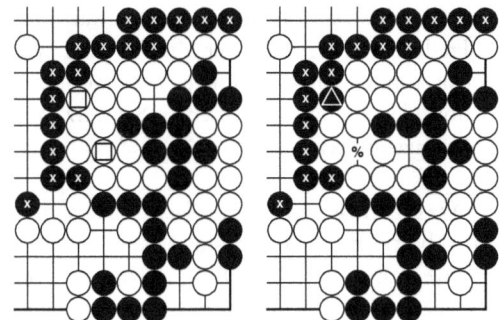

Schlägt Weiß die schwarze ⊛-Gruppe, bekommt sie einen Stein und zwei Gebietspunkte weniger (□), hat jedoch einen Stein (das zweite Einwerfen) geschlagen. Schwarz gewinnt somit zwei Punkte gegenüber der Fujisawa-Lösung.

If White captures Black's ⊛-group later, she gets one stone, and two points of territory, less (□). However, she has captured one stone (the second Throw-in). So Black gains two points, compared to the Fujisawa solution.

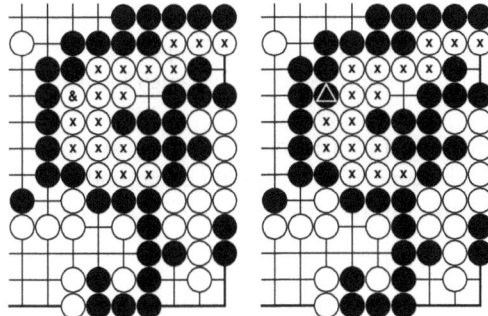

Schlägt Schwarz die weiße ⊗-Gruppe, bekommt er einen Stein und einen Gebietspunkt mehr (&). Schwarz gewinnt einen Punkt gegenüber der Fujisawa-Lösung.

If Black captures White's ⊗-group later, he gets one more stone and one more point of territory (&). Black gains one point, compared to the Fujisawa solution.

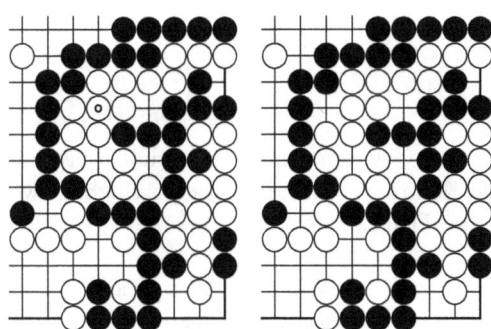

Hat das Seki Bestand, da die schwarze Gruppe rechts oben zwei Augen bekommen hat, hat Schwarz einen Punkt verloren, den bei ⊙ geschlagenen Stein.

If the Seki remains stable (because Black's group in the top right has got two eyes), Black has lost one point – the captured stone at ⊙.

Weitere Erkenntnisse

Kommentierung in der Go World
Go World's Commentary

In der Go World ist kommentiert, dass Schwarz eine wichtige Freiheit verliert, wenn er zum zweiten Mal einwirft. Das können wir jedoch nicht nachvollziehen. Die Relation der Freiheiten zwischen Schwarz und Weiß bleibt unverändert.

The Go World article says that Black loses a very important liberty if he throws-in a second time. However, we cannot follow this statement. The relation between Black's, and White's, liberties remains unchanged.

Die Anzahl der Freiheiten der schwarzen Gruppe rechts oben (**x**) ist gleich geblieben. Die schwarze Gruppe rechts oben und die weiße Gruppe darunter (im Seki) haben weiterhin keine gemeinsamen Freiheiten.

The number of liberties of Black's group at top right (**x**) is still the same. Black's top right group, and White's group below (in the Seki), do not share common liberties.

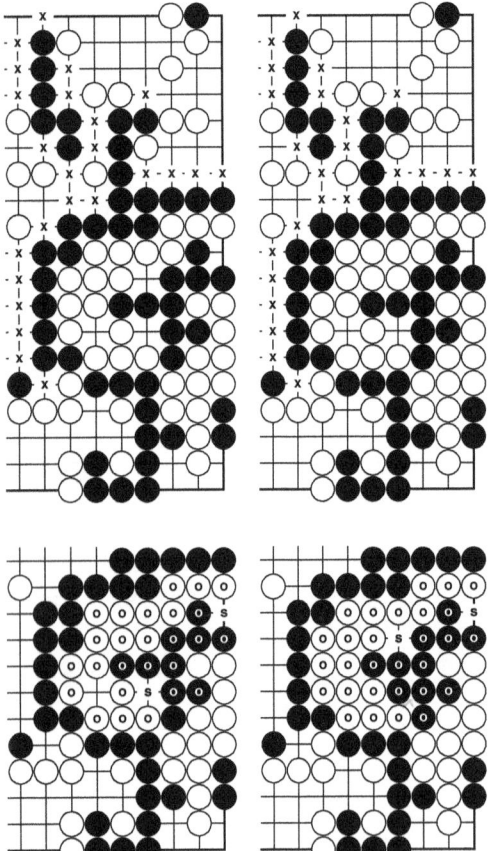

Die weiße ⊙-Gruppe und die darunter liegende schwarze ●-Gruppe im Seki haben weiterhin zwei gemeinsame Freiheiten (**s**).

Within the Seki, White's ⊙-group, and Black's ●-group, still share two common liberties (**s**).

Nach dem Guzumi – Unsere Lösung
After the Guzumi – Our Solution

In diesem Kapitel werden die wesentlichen Varianten nach dem Guzumi in der rechten oberen Ecke erläutert. Wir bitten zu beachten, dass die meisten der von Amateuren entwickelten Varianten noch nicht professionell bestätigt sind. Wir können nicht ausschließen, dass sich, insbesondere im Endspiel, kleinere Unzulänglichkeiten eingeschlichen haben könnten. Gleichwohl gegen wir davon aus, dass sicher angenommen werden kann, dass davon lediglich die Höhe des schwarzen Sieges beeinflusst würde. Wie üblich, stellen wir die von uns entwickelten Abfolgen nach dem zweiten Einwerfen (siehe 📖 88) dar. Unsere Einschätzung dieses Zuges ist noch nicht professionell abgesichert. In der Tabelle finden sich daher auch die jeweiligen Ergebnisse umgerechnet auf den Fall, dass das zweite Einwerfen nicht gespielt wird. Zum Einfluss des zweiten Einwerfens siehe 📖 89.

In this chapter, we explain the main variations after the Guzumi in the upper right corner. Please note that the vast majority of variations were developed by amateurs, and are not confirmed professionally yet. We cannot be sure that there are no remaining minor deficiencies, especially in the endgame. Nevertheless, we believe that it is safe to assume that this will affect only the size of the margin of Black's win. As usual, we present the sequences developed by us after the second Throw-in (see 📖 88). Our assessment of this move has not yet been validated professionally. Therefore the relative values of the results, re-calculated for the case without the second Throw-in, can also be found in the table. For the impact of the second Throw-in, please refer to 📖 89.

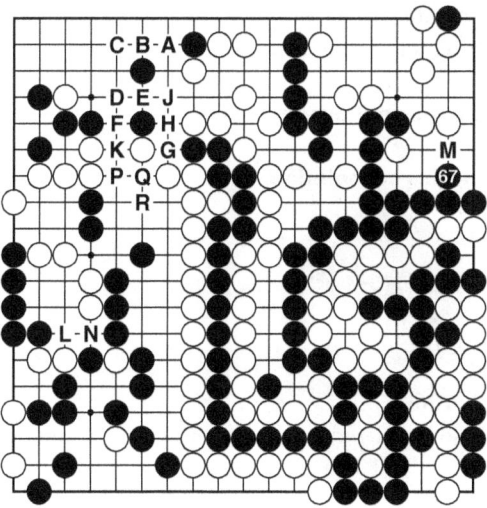

Variante/ Variation	mit/with 2. Einwerfen / 2nd Throw-in	ohne/without	Seite/ Page
M ↴ 160 Y ↴	4	2	92/93
B ↴	7	8	98
C ↴	7	8	99
F ↴	7	8	99
K ↴	7	8	106
L ↴	7	9	107
D ↴	8	9	109
G ↴	8	9	111
H ↴	8	9	112
E ↴	10	11	113
A ↴	> 10		114
J ↴	> 10		115
N ↴	> 10		115
P ↴	> 10		116
Q ↴	> 10		117
R ↴	> 10		118

Das Ergebnis unserer Analyse ist, dass Schwarz selbst ohne zweites Einwerfen mit mindestens zwei Punkten gewinnt.

The outcome of our analysis is that, even without the second Throw-in, Black wins by at least two points.

Die Anzahl der Varianten und Diagramme ist über die Jahre gewachsen. Wir hoffen auf Ihr Verständnis, sollten wir versehentlich einige ältere Zugreihenfolgen nicht an neuere Erkenntnisse angepasst haben.

The number of variations, and diagrams, has grown over the years. We ask for your kind understanding, if, unintentionally, we have not revised some older move-orders, to fit with our newer findings.

VAR ○68 M

Unsere aktuelle Lösung
Our current solution

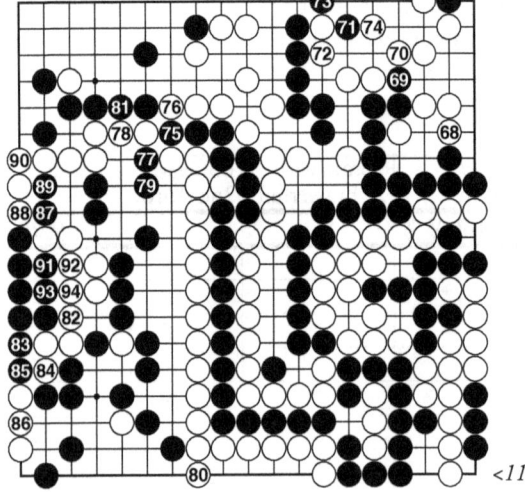

<11/0>

○68:
Weiß verhindert sofort zwei schwarze Augen und folgt anschließend dem Referenzpfad (13).

White immediately prevents two black eyes, and thereafter follows the Reference Path (13).

Hiermit beginnt unsere Lösung.

This begins our solution.

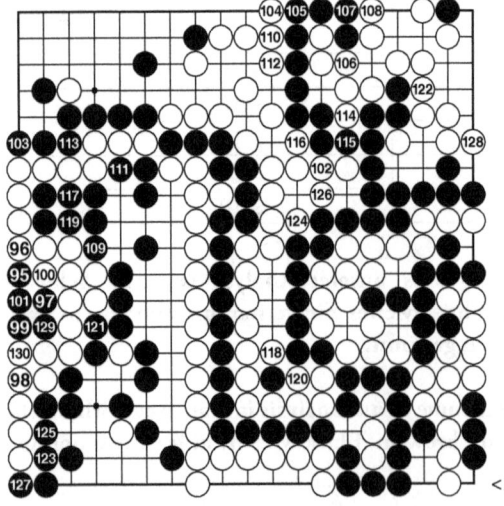

<17/0>

○104, ○106:
Weiß sollte hier die Zugreihenfolge nicht ändern (96) und auf **106** Atari geben.

White should not change the order of moves here (96), and give Atari at **106** first.

After the Guzumi – Our Solution

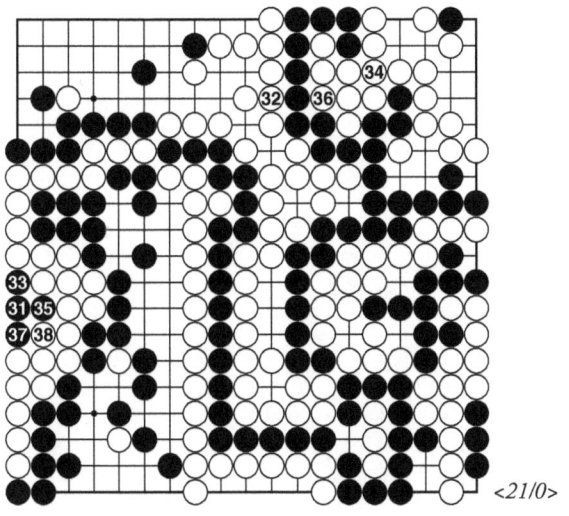

<21/0>

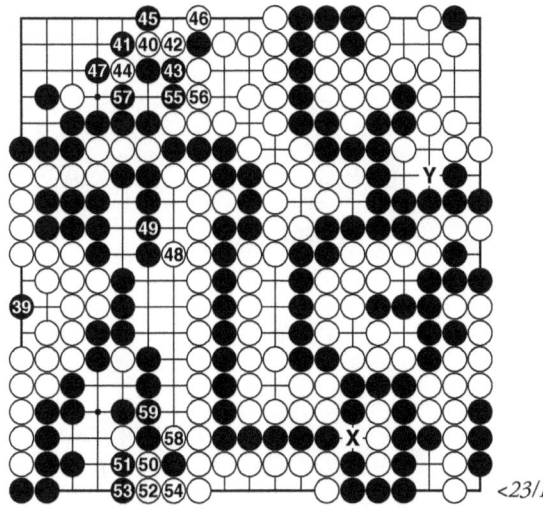

●**159**:
Anschließend wird Weiß **Y** spielen. **X** (📖 95) ist hier nicht korrekt.

White will next choose **Y**. **X** (📖 95) is not correct here.

<23/1>

VAR ○**68 M** ↩ ○**160 Y** ↩

○**160**:
Weiß setzt das Semeai rechts oben fort.

White continues the Semeai in the upper right.

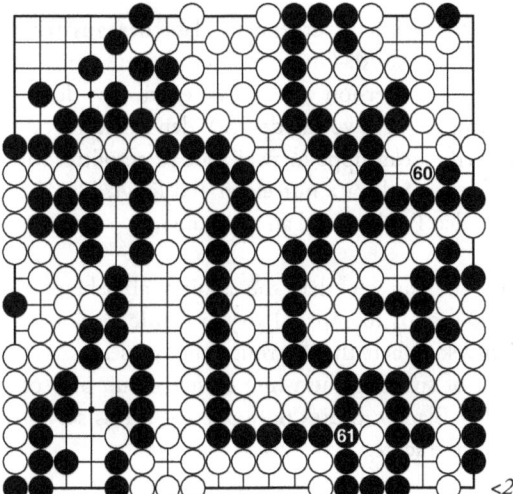

<26/4>

93

Nach dem Guzumi – Unsere Lösung

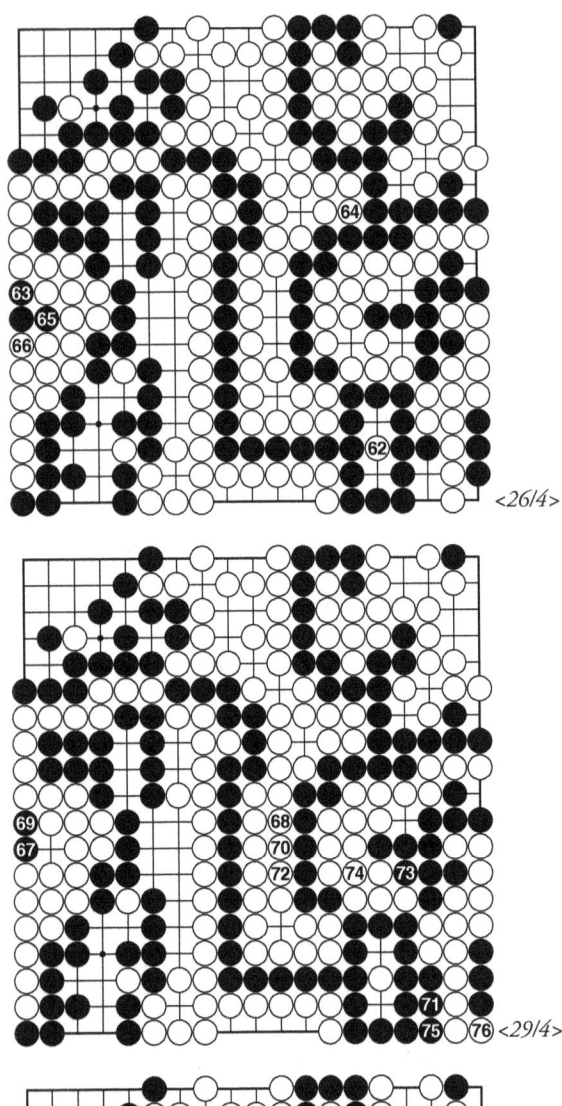

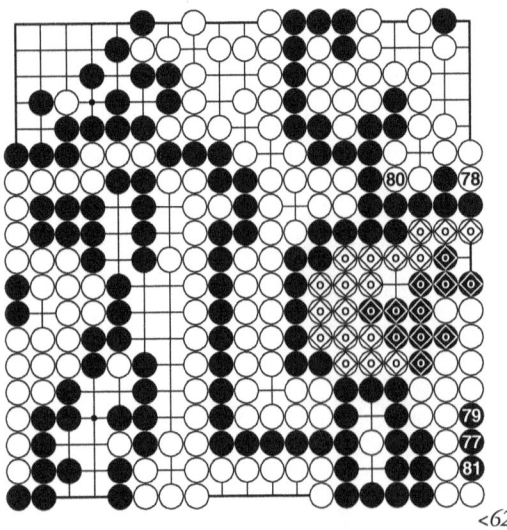

●**181**:
Wir können jetzt erkennen, dass das zusätzliche Seki der ◉-/◈-Gruppen (verglichen mit der klassischen Version eines Hanezeki, in der die ◈-Gruppe nicht vorhanden ist), den Effekt hat, dass die weiße Eckgruppe in zwei Teile zu gesplittet wird, von denen Schwarz nur einen Teil fängt. Das dient dazu, den Punktestand anzugleichen.

We now can see that the additional Seki of the ◉-/◈-groups (compared to the classic version of a Hanezeki, where the ◈-group is not present), has the effect of splitting the white corner group into two, so that Black captures only one part. This serves to adjust the score.

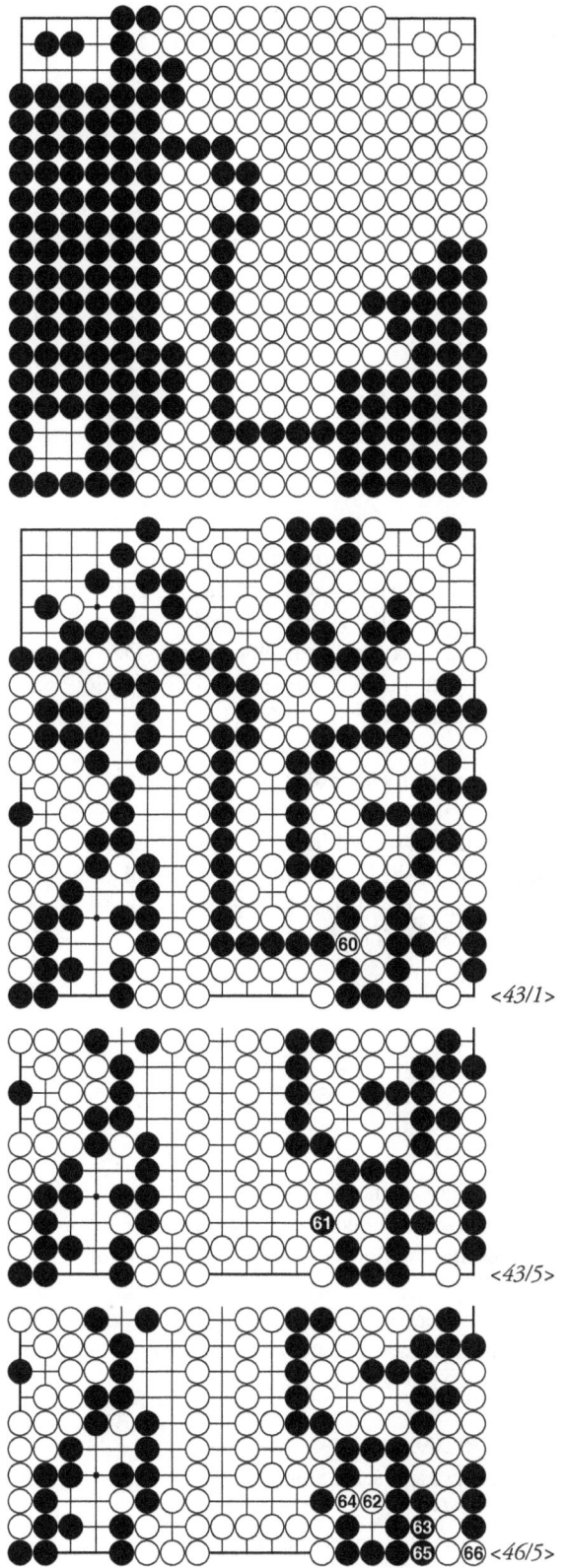

Schwarz gewinnt mit vier Punkten.

Dieses Ergebnis ist weitgehend stabil gegenüber kleineren Änderungen der Züge und somit das Standard-Resultat für die Semeai-Variante beim zweiten Einwerfen.

Black wins by four points.

This result is fairly stable with respect to small changes of moves, as well as to the order of moves, and is the standard result for the Semeai variation with the second Throw-in.

VAR ○68 M ↵ ○160 X ↵

○**160:**

Weiß schlägt die schwarze Zentrumsgruppe.

White captures Black's centre group.

Nach dem Guzumi – Unsere Lösung

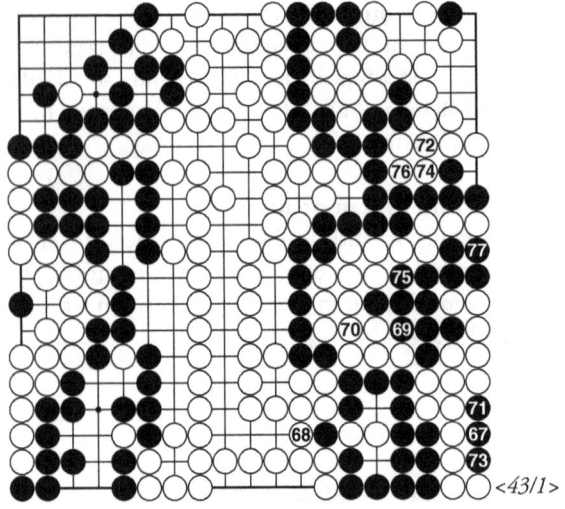
<43/1>

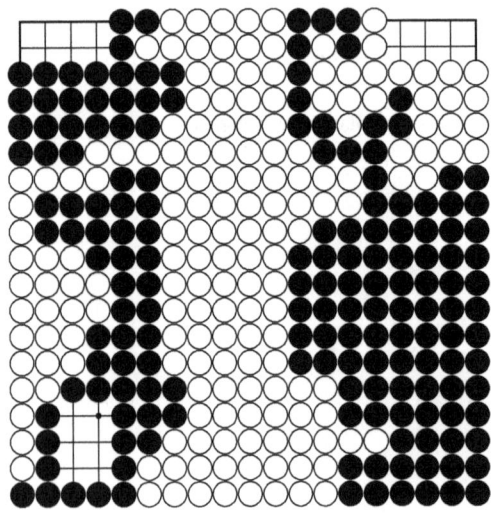

Schwarz gewinnt mit sechs Punkten.

Schwarz gewinnt acht Punkte gegenüber dem Referenzpfad. Das zweite Einwerfen gewinnt einen Punkt, da das Seki aufgelöst wird. Das Guzumi zerstört drei Punkte, das Hasami-Tsuke vier weiße Gebietspunkte.

Black wins by six points.

Black gains eight points, compared to the Reference Path, thus the second Throw-in gains one more point, because the Seki is dissolved; the Guzumi takes three points, and the Hasami-Tsuke takes another four points, of White's territory.

VAR ○68 M ↻ ○104 ↻

○104:
Weiß gibt zuerst Atari, jedoch wird Schwarz nicht decken. Stattdessen sichert Schwarz seine linke obere Ecke und verhindert das weiße Endspiel dort.

White gives Atari first, but Black will not connect. Instead, Black secures his top left corner, and prevents the white endgame there.

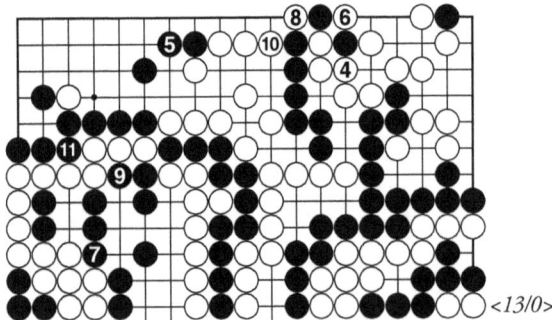
<13/0>

●107, ●109:
Schwarz kann seine Steine in Atari nicht verbinden.

Black cannot connect his stones in Atari.

After the Guzumi – Our Solution

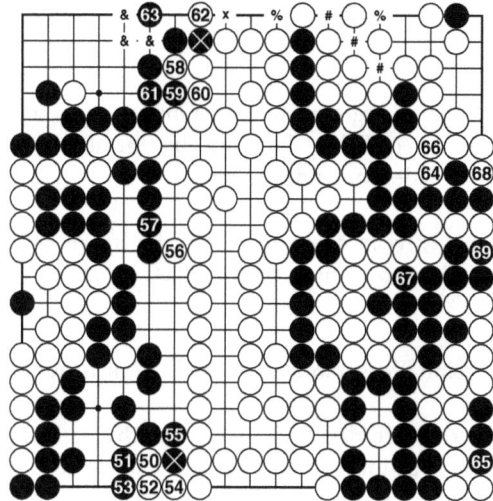

○150:

In der Abfolge von ○112 bis ●149 muss Weiß die Schlag-Variante wählen, um ihren (temporären) Gebietsgewinn in der rechten oberen Ecke auch zu realisieren. Wir nehmen an, dass das abschließende Endspiel auf der linken Seite der hier gezeigten Abfolge folgt.

In the sequence from ○112 to ●149, White has to choose the Capture variation, to realize her (temporary) territorial gain in the top right corner. We assume that the final endgame on the left side will follow the sequence shown here.

Weiß hat oben rechts acht Punkte gewonnen, fünf Gebietspunkte (%/#) und drei Gefangene (#).
Links oben hat Schwarz drei Gebietspunkte (&) gewonnen, Weiß hat auf der linken Seite einen Gebietspunkt (x) verloren und konnte zwei schwarze Steine (⊗) nicht fangen. Das ergibt für Schwarz ebenfalls acht Punkte.

In the top right corner, White gained eight points – five point of territory (%/#), and three prisoners (#). In the upper left, Black gained three points of territory (&), on the left side, White lost one point of territory (x), and did not capture two black stones (⊗). Combined, Black gained eight points, too.

Das Ergebnis der Schlag-Variante (Schwarz gewinnt diese mit sechs Punkten) ändert sich somit nicht. Aber denken Sie bitte daran, dass die korrekte Semeai-Variante (Schwarz gewinnt mit vier Punkten) zwei Punkte besser für Weiß gewesen wäre. Also hat Weiß die falsche Wahl getroffen.

The result of the Capture variation (which ends with a black win by six points) remains unaffected. But remember that the correct Semeai variation (Black wins by four points) would have been two points better for White. So she made the wrong choice.

Nach dem Guzumi – Unsere Lösung

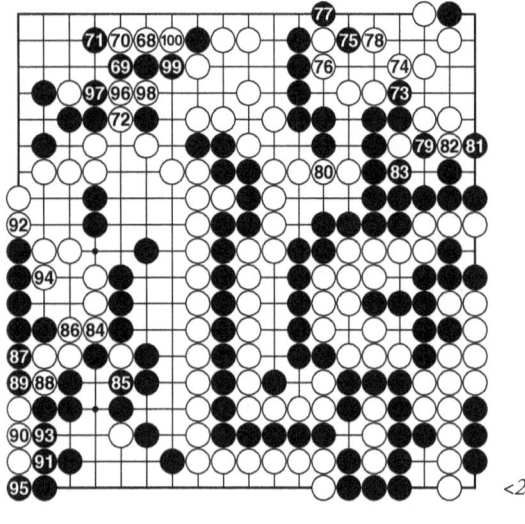

<2/5>

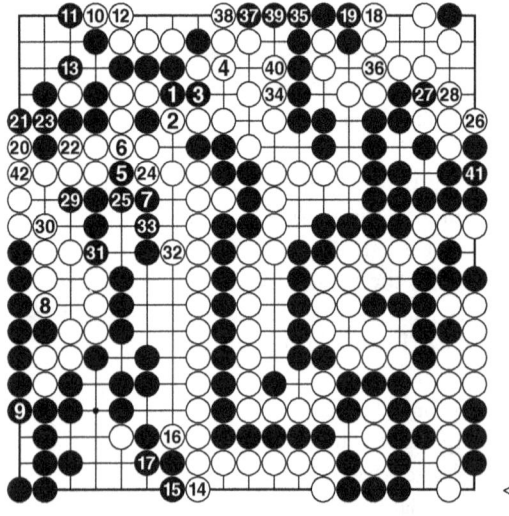

<3/6>

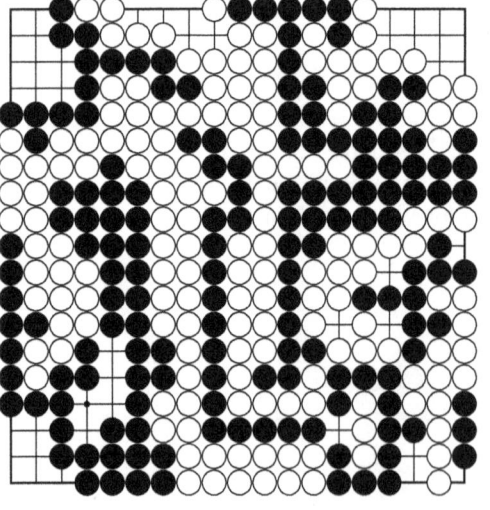

VAR ○68 B ↻

●**69**:

Dieser Zug begrenzt weiße Optionen in der linken oberen Ecke, die sonst bei Befolgen des Referenzpfades vorhanden wären.

This move, when compared to the Reference Path, limits White's options in the upper left corner.

○**72**:

Somit kann Weiß zum Beispiel mit ○72 nicht auf **82** spielen.

●69 verhindert, dass Weiß tief in die schwarze Ecke eindringt. Schwarz bräuchte nach der dann folgenden Kreuzschnitt-Abfolge die linke obere Ecke nicht mehr (mit einem Zug auf **72**) zu verteidigen und hätte damit einen entscheidenden Zug gewonnen.

Thus, White cannot play ○72 at **82**, for example.

●69 prevents a deep white intrusion into Black's corner. After the subsequent Crosscut-sequence, Black no longer needs to defend his top left corner (with a move at **72**), and has won a decisive move.

Schwarz gewinnt mit sieben Punkten.

Black wins by seven points.

VAR ○68 C

○**68**:
Weiß dringt tief in die schwarze Ecke ein.

White invades deep into Black's corner.

○**72**:
Es entsteht eine Zugumstellung zum **B**-Pfad (98).

This results in the **B**-path (98), but with a change in the order of moves.

Schwarz gewinnt mit sieben Punkten.

Black wins by seven points.

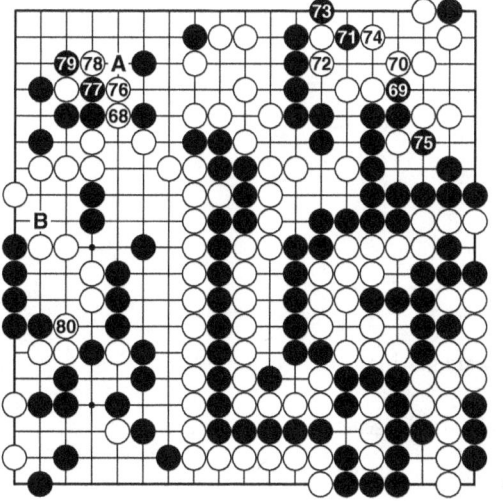

VAR ○68 F

○**68**:
Laut Yoon Young-Sun 8p ist das der stärkste Zug in der linken oberen Ecke. Er ist das erste Beispiel eines Zuges, der Schwarz unmittelbar dazu zwingt, für seine Gruppe rechts oben zwei Augen zu machen.

This is the strongest move in the upper left corner, according to Yoon Young-Sun 8p. It is the first example of a move, which immediately forces Black to make two eyes for his upper right group.

●**77**:
Selbst wenn Schwarz lockerer auf **78** spielt, wird Weiß nicht gewinnen (101).

Even if Black's answer is more docile at **78**, White will not be able to win (101).

○**80**:
Weiß kann sich nicht die obere Seite mit **A** sichern, da Schwarz dann die gesamte linke Seite mit **B** fängt.

White cannot take the top with **A**, because Black would capture the entire left side with **B**.

Nach dem Guzumi – Unsere Lösung

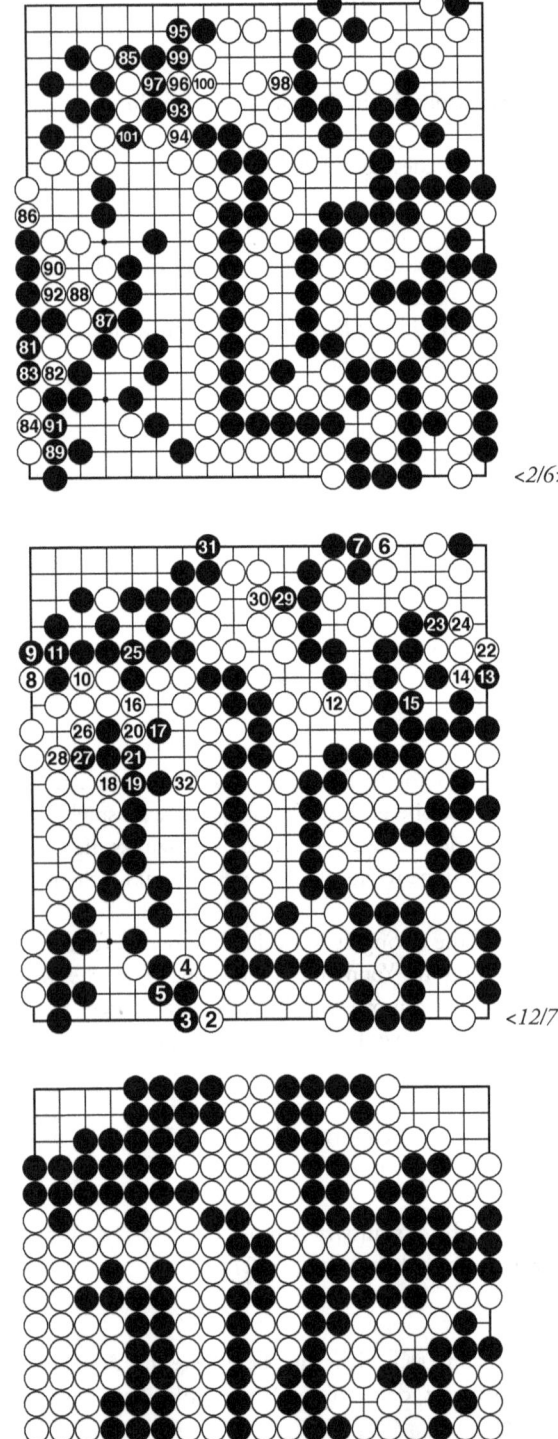

Schwarz gewinnt mit sieben Punkten.

Black wins by seven points.

VAR ○68 F ↻ ●77 ↻

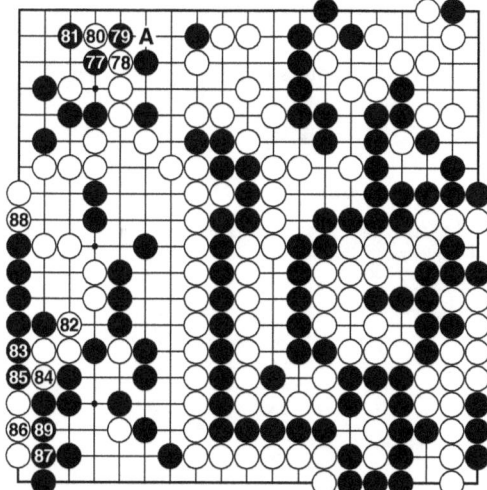

●**77**:

Auch wenn Schwarz nachgiebiger antwortet, wird Weiß nicht gewinnen können. Die Zugfolgen hier folgen den Vorschlägen von Yoon Young-Sun 8p.

Even if Black's answer is more docile, White will not be able to win. The sequences here follow suggestions of Yoon Young-Sun 8p.

○**80**:

Es ist für Weiß besser, sofort zu schneiden, und nicht zuvor ihren einzelnen Stein anzubinden.

It is better for White to cut immediately, and not to connect her single stone first.

●**81**:

Schwarz kann nicht auf **A** verbinden (📖 102), denn Weiß erreicht ein Ko, das Schwarz nicht gewinnen kann.
Wir stellen diese Ko-Varianten im Detail dar, um deutlich zu machen, dass – unserer Einschätzung nach – Schwarz nicht darauf hoffen kann, irgendein Ko in der linken oberen Ecke zu gewinnen.

Black cannot connect at **A** (📖 102), because White gets a Ko that Black will be unable to win.
We present these Ko variations in detail to make clear that – in our opinion – Black cannot hope to win any Ko in the upper left corner.

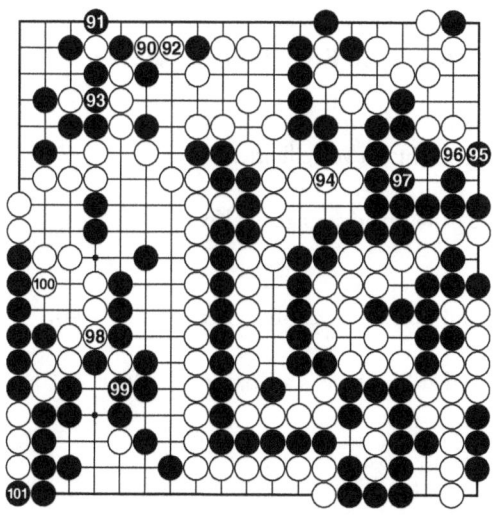

<2/6>

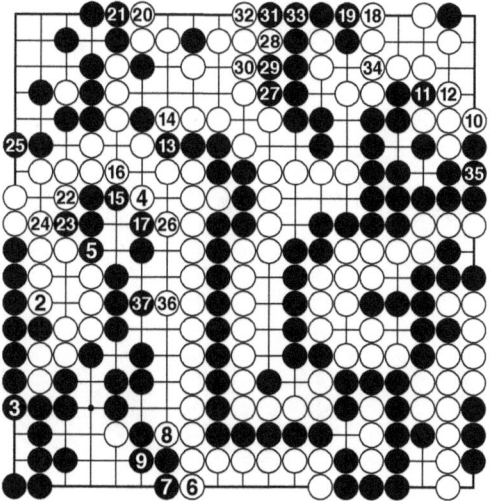

Nach dem Guzumi – Unsere Lösung

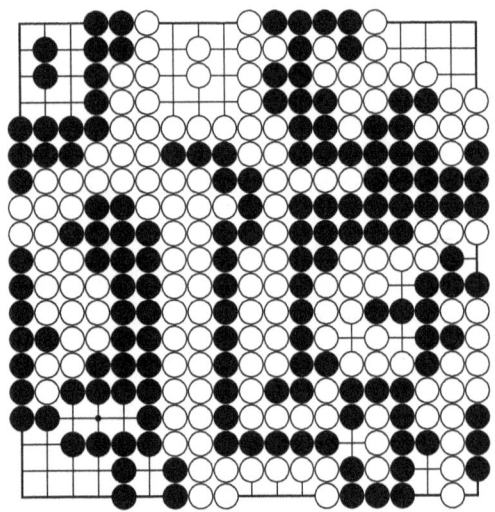

Schwarz gewinnt mit zwei Punkten.

Black wins by two points.

VAR ○68 F ↳ ●77 ↳ ●81 ↳

○**82, ○88:**
Weiß erreicht ein vorteilhaftes Ko.

White gains an advantageous Ko.

●**85:**
Auch auf **86** gespielt ergibt sich ein Ko (📄 104).

If played at **86**, there is a Ko, too (📄 104).

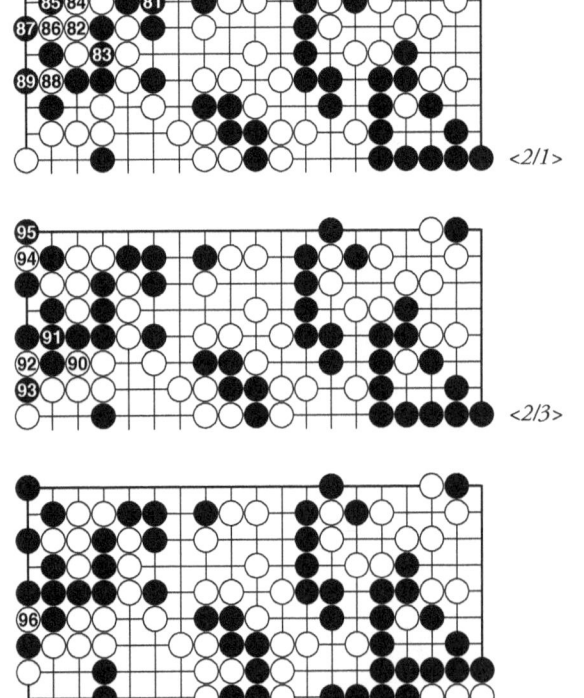

After the Guzumi – Our Solution

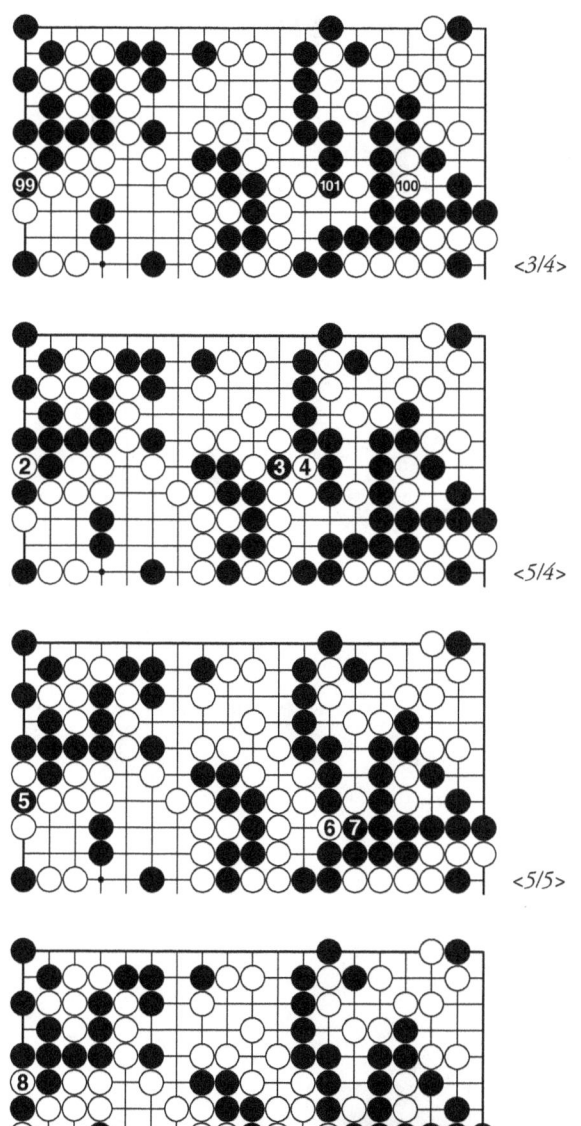

<3/4>

<5/4>

<5/5>

<6/5>

○**108**:
Schwarz hat keine Ko-Drohung mehr. Weiß gewinnt hoch.

Black has no Ko-threats left. White wins by a large margin.

Nach dem Guzumi – Unsere Lösung

VAR ○68 F ↷ ●77 ↷ ●81 ↷ ●85 ↷

●85:
Auch dieser Zug führt zu Ko.

This move leads to Ko, too.

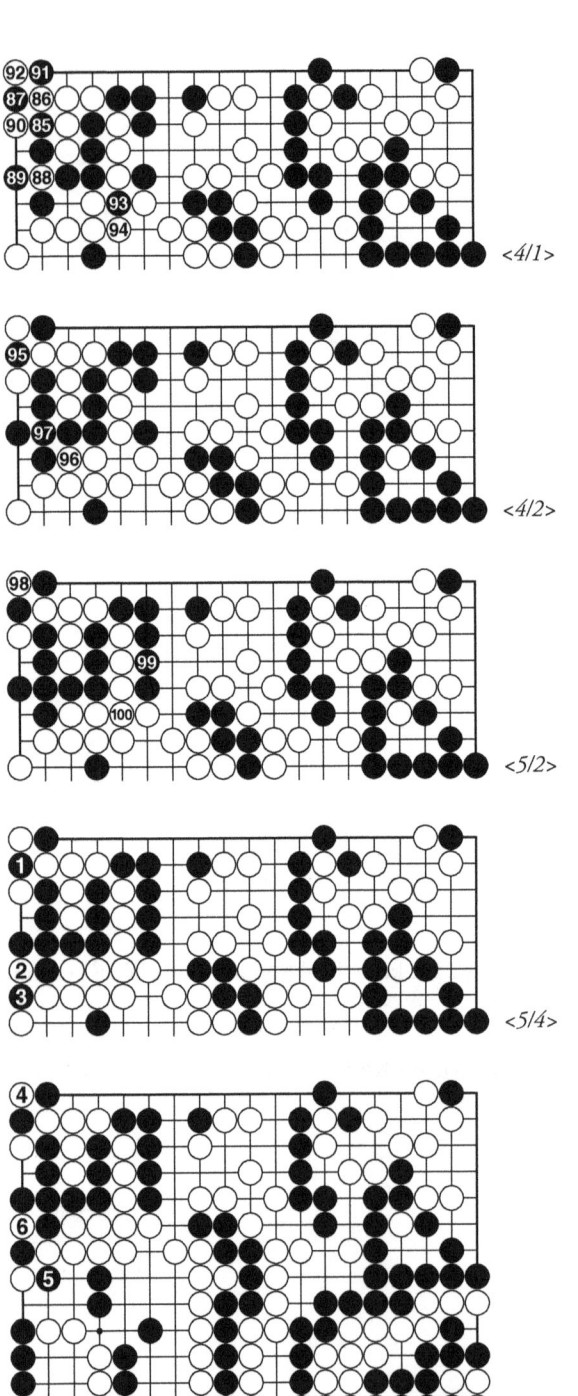

After the Guzumi – Our Solution

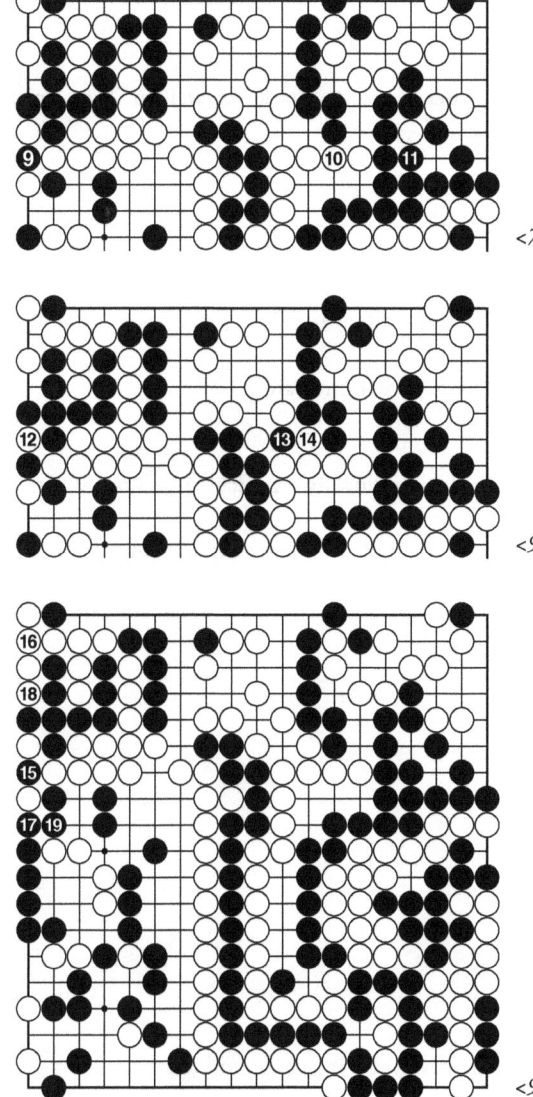

<7/6>

<9/6>

<9/8>

○**118**:
Weiß fängt die linke obere Ecke.

White captures the top left corner.

●**119**:
Schwarz bekommt die linke Seite, kann jedoch nicht gewinnen. Weiß liegt ungefähr mit 15 Punkten vorn und gewinnt deutlich.

Black gets the left side, but will be unable to win. White is approximately 15 points ahead, and wins easily.

Nach dem Guzumi – Unsere Lösung

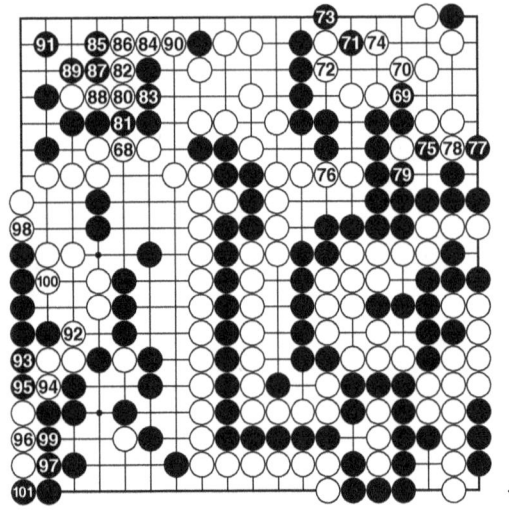

VAR ○68 K ↻

○**68**:
Das ist der letzte der stärkeren weißen Züge links oben.

This is the last of White's stronger moves in the upper left corner.

●**69**:
Schwarz muss sofort zum Leben kommen.

Black has to live immediately.

○**80**:
Weiß reduziert die schwarze Ecke links oben weiter.

White further reduces Black's top left corner.

<2/4>

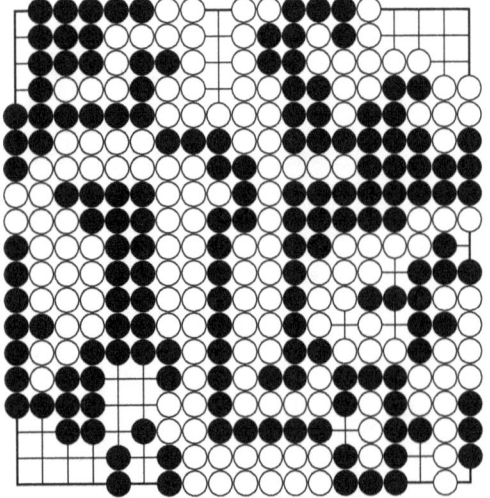

<3/6>

Schwarz gewinnt mit sieben Punkten.

Black wins by seven points.

After the Guzumi – Our Solution

VAR ○68 L ↩

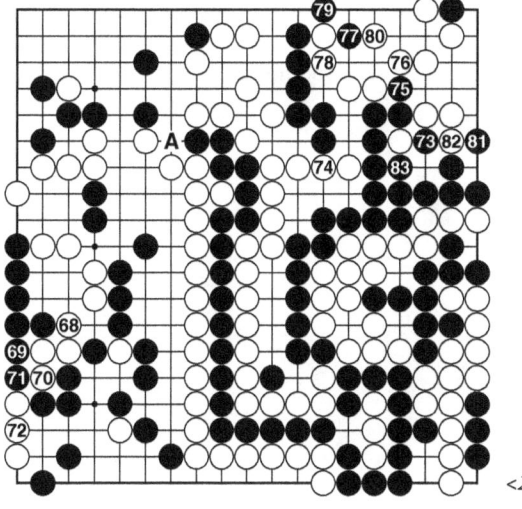

○**68**:
Weiß greift die schwarze Gruppe am linken Rand an. Allerdings bietet dieser Zug der weißen Gruppe am oberen Rand keinerlei Unterstützung.

White attacks Black's group on the left edge. However, this move does not give any support to White's group on the upper edge.

●**73**:
Da Schwarz mit dem Guzumi einen Zug verloren hat, kann er hier nicht mehr mit **A** dem Referenzpfad folgen.

Here, Black cannot now follow the Reference Path with a move at **A**, because having played the Guzumi, he is now one move behind in this area.

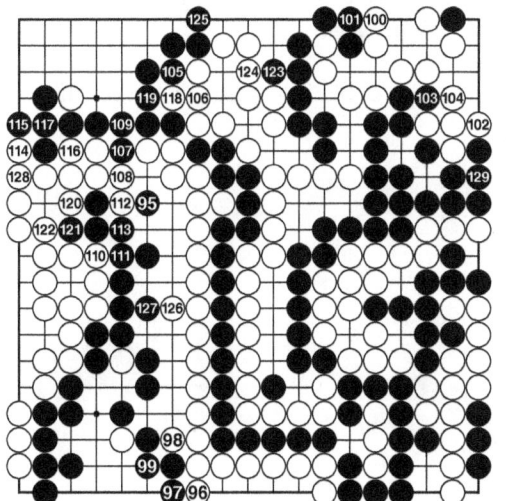

○**84**:
Weiß fängt die schwarze Gruppe am linken Rand. Beginnt Weiß stattdessen das Endspiel auf **93** (📄108), hat sie ebenfalls keine Chance auf den Sieg.

White captures Black's group at left. If, instead, she starts the endgame at **93** (📄 108), she will still not get any chance to win.

●**91**, ●**93**:
Schwarz sichert sich eine große Ecke mit Vorhand.

Black secures a large corner in Sente.

Nach dem Guzumi – Unsere Lösung

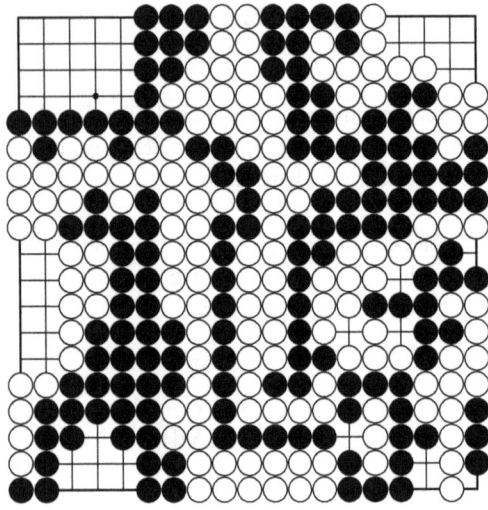

Schwarz gewinnt mit sieben Punkten.

Black wins by seven points.

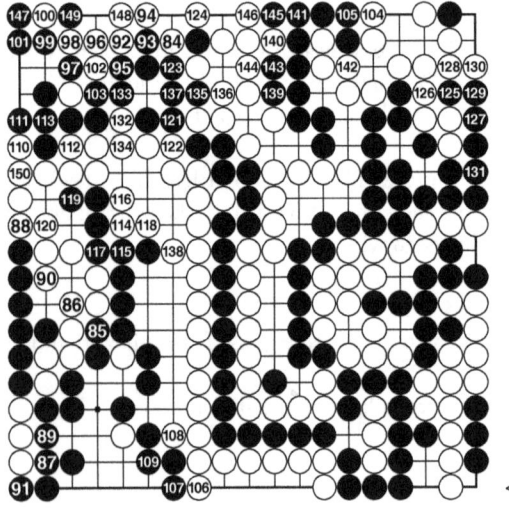

<3/6>

VAR ○68 L ↩ ○84 ↩

○84:
Weiß beginnt mit dem Endspiel am oberen Rand.

White starts the endgame at the upper edge.

●85:
Es ist besser für Schwarz, seine Steine auf der linken Seite zu retten als die Ecke links oben zu verteidigen.

It is better for Black to save his stones on the left side than to defend his top left corner.

○92:
Die Reduktion der schwarzen Ecke wird für einen Sieg nicht ausreichen.

The reduction of Black's corner will not be sufficient to win.

After the Guzumi – Our Solution

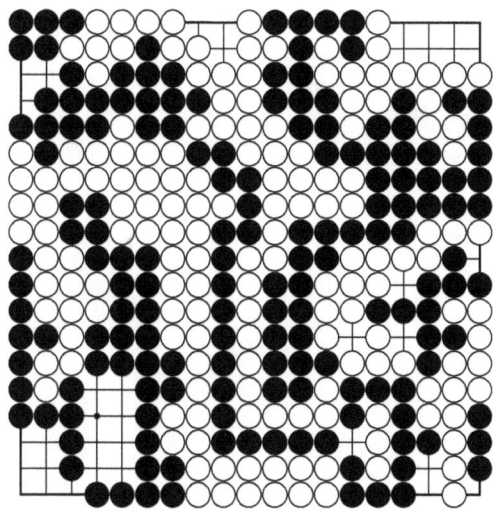

Schwarz gewinnt mit sieben Punkten.

Black wins by seven points.

VAR ○68 D

●**69**:
Bezogen auf den linken unteren Quadranten gewinnt Schwarz das Tempo zurück, das er rechts mit ●**67** (= ●) verloren hat.

With respect to the lower left quadrant, Black gains the tempo that he lost with ●**67** (= ●).

○**70**:
Weiß kann nicht mit einem Zug auf **80** zum Referenzpfad zurückkehren (📖 110).

White cannot return to the Reference Path with a move at **80** (📖 110).

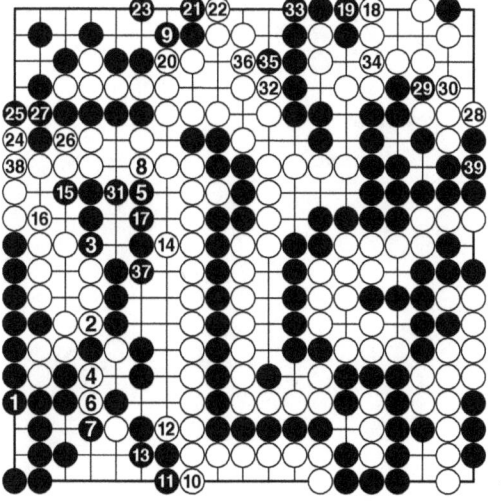

Nach dem Guzumi – Unsere Lösung

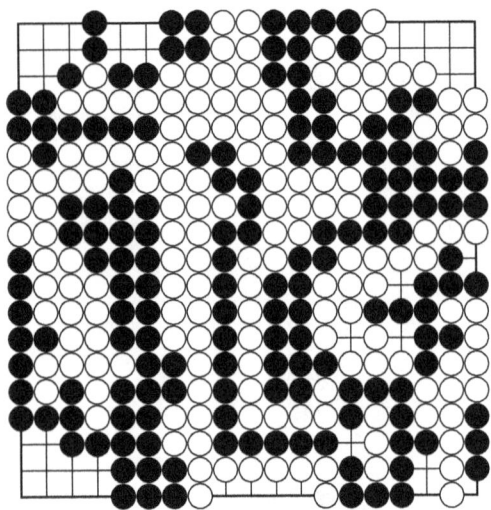

Schwarz gewinnt mit acht Punkten.

Black wins by eight points.

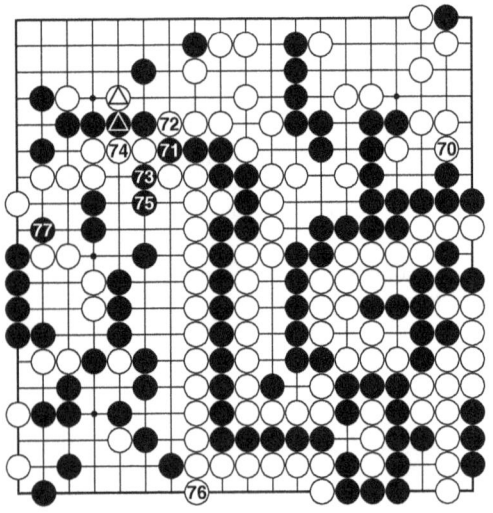

VAR ○68 D ↩ ○70 ↩

○**70**:
Weiß kehrt zum Referenzpfad zurück.

White returns to the Reference Path.

●**77**:
Der vorherige Austausch von ○**68** für ●**69** (△▲) hat ganz einfach nur Schwarz geholfen, der nun die gesamte linke Seite bekommt.

The previous exchange of ○**68** for ●**69** (△▲) has simply helped Black, who now gets the entire left side.

Schwarz gewinnt.

Black wins.

After the Guzumi – Our Solution

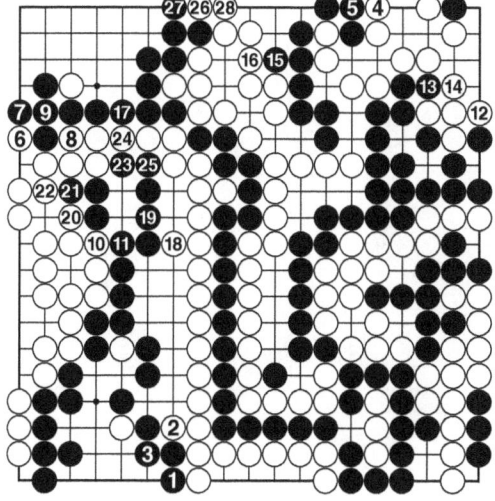

VAR ○68 G

○68:

Dieser Zug scheint weder Fisch noch Fleisch zu sein. Zum einen wird Schwarz gezwungen, rechts oben zu leben.

This move seems to be neither fish, nor fowl. On the one hand, it forces Black to live at top right ...

○80:

Auf der anderen Seite wird Schwarz durch diesen Zug eine Wahlmöglichkeit zwischen linker obere Ecke und linker Seite eröffnet.

... but on the other hand, it gives Black the choice between the upper left corner, and the left side.

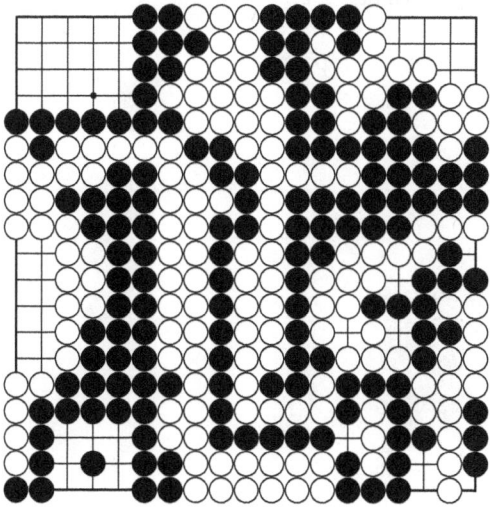

●85:

Schwarz entscheidet sich für die linke obere Ecke.

Black chooses the top left corner.

Schwarz gewinnt mit acht Punkten.

Black wins by eight points.

Nach dem Guzumi – Unsere Lösung

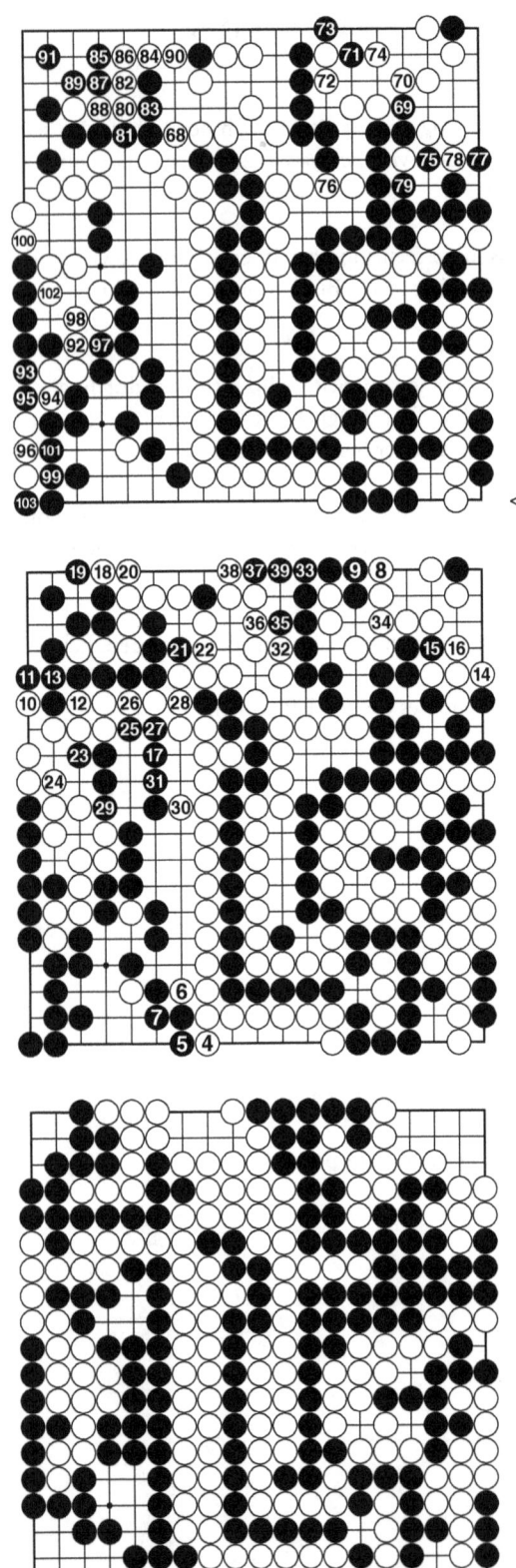

VAR ○68 H ↷

○**68**:
Dieser Zug betont die obere Seite.

This move stresses the upper side.

Schwarz gewinnt mit acht Punkten.

Black wins by eight points.

After the Guzumi – Our Solution

VAR ○68 E ↻

○**68**:

Diesem Zug fehlt ein klares Ziel.

This move lacks a clear purpose.

●**69**:

Auch hier macht ●69 den Referenzpfad für Weiß unmöglich.

Again, ●69 makes it impossible for White to follow the Reference Path.

●**95**:

Schwarz bekommt die Vorhand, um rechts oben zu leben.

Black gets Sente to live in the top right corner.

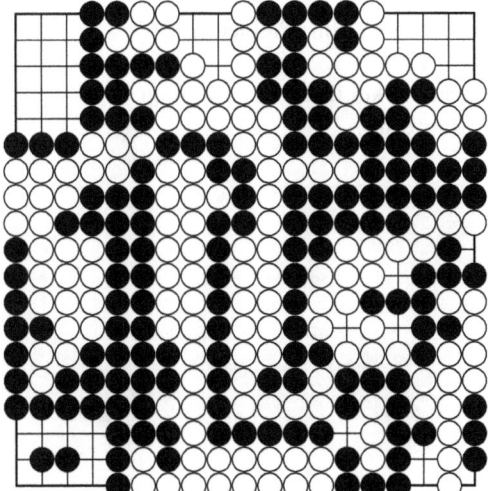

Schwarz gewinnt mit zehn Punkten.

Black wins by ten points.

Nach dem Guzumi – Unsere Lösung

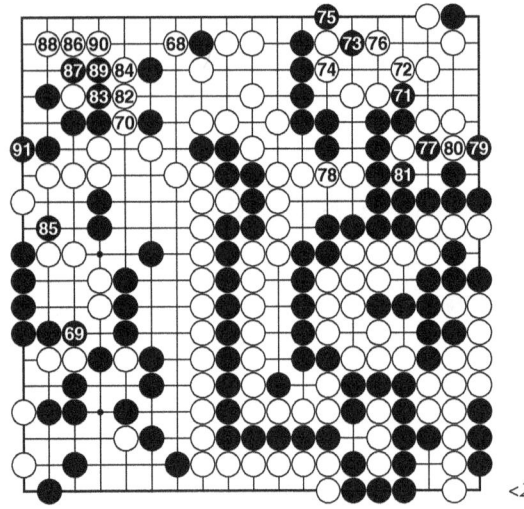

<2/2>

VAR ○68 A

○**68**:
Dieser Zug gefährdet die schwarze Ecke nicht wirklich.

This move does not threaten Black's corner enough.

●**69**:
Also kann Schwarz Tenuki spielen.

So Black is able to play Tenuki.

○**70**:
Weiß dringt mit Vorhand weiter in die schwarze Ecke ein.

White breaks even deeper into Black's corner in Sente.

●**71**:
Schwarz muss jetzt rechts oben zum Leben kommen.

Black must now live at top right.

○**84**, ●**85**:
Diese beiden Züge sind Miai.

These two moves are Miai.

●**91**:
Weiß kann die schwarze Gruppe in der Ecke nicht töten.
Schwarz gewinnt ohne Probleme.

White cannot kill Black's corner group.
Black wins easily.

After the Guzumi – Our Solution

VAR ○68 J

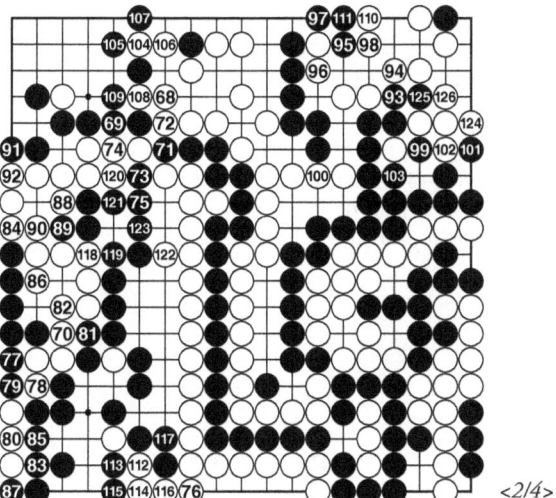

<2/4>

○**68**:
Wieder ist die schwarze Ecke nicht ernsthaft durch die weißen Züge gefährdet.

Again, Black's corner is not really endangered by White's moves.

●**69**:
Hier zeigen wir dennoch eine Variante, in der Schwarz in der linken oberen Ecke antwortet, bevor er in der rechten oberen Ecke lebt.
Schwarz gewinnt mit mehr als zehn Punkten.

Here is yet another variation in which Black answers in the upper left corner, before living in the top right corner.
Black wins by more than ten points.

VAR ○68 N

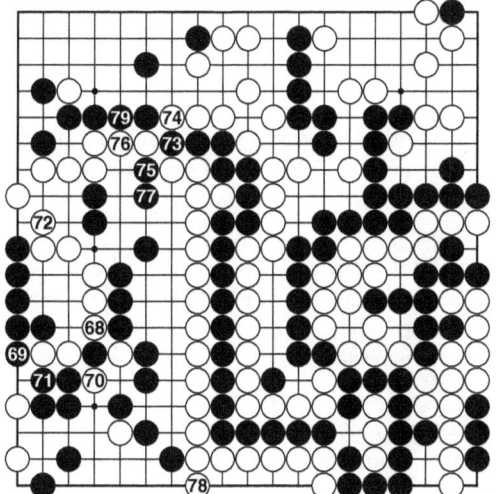

<3/0>

○**68**:
Dieser Zug beinhaltet keine direkte Drohung und scheint auch nicht besonders relevant zu sein, daher haben wir ihn noch nicht detaillierter untersucht.

This move carries no direct threat, and seems to have little significance, so we have not yet studied it in detail.

●**69**:
Die schwarze Gruppe links hat eine Freiheit mehr als sonst.

Black's group on the left has one liberty more than usual.

○**72**:
Weiß ist in Gefahr, ihre Steine am linken Rand zu verlieren.

White is in danger of losing her stones on the left edge.

Nach dem Guzumi – Unsere Lösung

●73 - ●79:

Weiß kann die Kreuzschnitt-Sequenz im Zentrum nicht zulassen, da ihre Gruppe links keine zwei Augen mehr bekommen kann.
Schwarz gewinnt wahrscheinlich deutlich.

White must not allow the Crosscut sequence in the centre, because her group on the left side cannot get two eyes any more.
Black will probably win easily.

VAR ○68 P

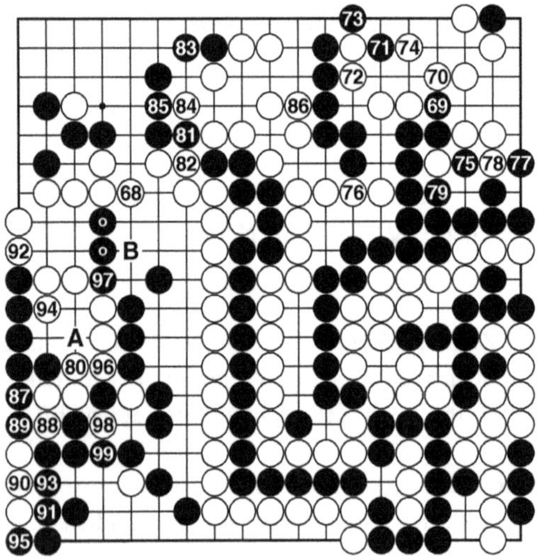

○68:
Weiß betont das linke Zentrum.

White stresses the left centre.

●69:
Schwarz muss jetzt rechts oben zum Leben kommen.

Black must live at top right now.

○80, ●81:
Weiß kann die schwarzen Steine auf der linken Seite nicht fangen. Schwarz sichert sich links oben zusätzlich eine große Ecke in Vorhand.

White cannot capture Black's stones on the left side. Additionally, Black secures a big corner in the upper left, in Sente.

●93:
Schwarz kann nicht Atari auf **96** geben. Weiß deckt auf **A** und kann später mit **B** die beiden schwarzen ●-Steine fangen.
Schwarz gewinnt mit mehr als 15 Punkten.

Black cannot give Atari at **96**. White connects at **A**, and later can capture Black's two ●-stones with **B**.
Black wins by more than 15 points.

<3/4>

After the Guzumi – Our Solution

VAR ○68 Q ↩

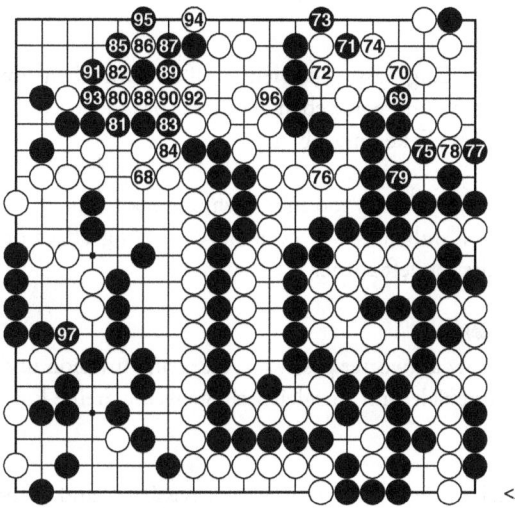

<2/2>

○68:
Dieser Zug wirkt weder so richtig nach oben noch nach links.

This move does not really affect either the top, or the left.

●83:
Diese Vorhand schränkt die weißen Möglichkeiten in der Ecke links oben nach ihrer Invasion dramatisch ein.

This Sente move dramatically reduces White's options in the top left, after her invasion.

○96, ●97:
Weiß kann oben nur in Nachhand leben, somit kommt Schwarz zum großen Zug am linken Rand. Schwarz gewinnt mit mehr als zehn Punkten.

At the top, White can live in Gote only, so Black gets the big move on the left side.
Black wins by more than ten points.

Nach dem Guzumi – Unsere Lösung

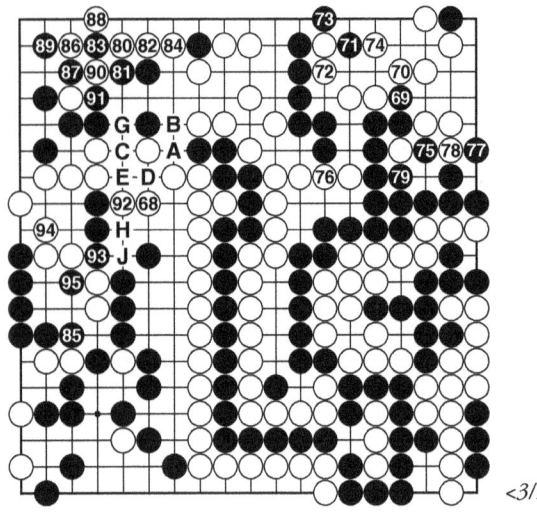

<3/1>

VAR ○68 R ↷

○**68**:

Dieser Zug lässt zu viele weiße Schwächen im Zentrum und wirkt ebenfalls nicht so stark gegen die schwarze Ecke links oben.

This move leaves too many white weaknesses in the centre, and does not even have a strong effect on Black's top left corner.

●**81**, ●**85**:

Schwarz antwortet passiv auf die weiße Invasion und nimmt sich zum Ausgleich einige weiße Steine links unten.

Black answers White's invasion passively, and takes some of White's stones in the lower left corner, in exchange.

○**92**:

Weiß kann die beiden schwarzen Steine links nicht fangen, zum Beispiel mit ○**H** - ●**93** - ○**J** - ●**95**. Wenn sie jetzt nicht auf ○**92** verteidigt, dann spielt Schwarz auf **93** – das verteidigt die beiden schwarzen Steine und greift die weißen Steine darunter und links an. Es droht die Abfolge von Schwarz **A** bis **G** (**F** = **92**), die alle weißen Steine am linken Rand tötet. Weiß müsste sich dagegen in der Gegend von **92** verteidigen, und verliert vier weitere Steine, wenn Schwarz auf **94** spielt.

White cannot capture Black's two stones, for example with ○**H** - ●**93** - ○**J** - ●**95**.
If she does not play at ○**92** now, then Black plays at **93** – this defends the two black stones, and attacks the white stones, below, and to the left. It also threatens the sequence from Black **A** to **G** (**F** = **92**), killing all the white stones at left. White would have to connect around **92**, losing another four stones, when Black plays at **94**.

Schwarz gewinnt mit mehr als 15 Punkten.

Black wins by more than 15 points.

Über Annäherungszug-Freiheiten
About Approach-Move Liberties

In diesem Problem kann die Wirkung eines Zuges manchmal erst nach weiteren 50 bis 100 Zügen zu Tage treten. Ein Beispiel dafür sind (potentielle) Annäherungszug-Freiheiten, die wir in diesem Kapitel näher erläutern.

In this problem, the effect of a move sometimes does not become evident for another 50 to 100 moves. One example concerns (potential) approach-move liberties, which we will explain in detail in this chapter.

Freiheiten
Liberties

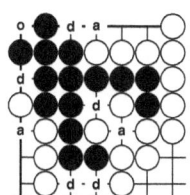

Im ersten Diagramm hat Schwarz ein Auge (**o**) in der Ecke. Um die schwarzen Steine zu schlagen, muss Weiß zuerst auf alle Punkte **a** und **d** und zuletzt auf **o** spielen. Die **d**-Punkte sind direkte Freiheiten, während die **a**-Punkte Annäherungszug-Freiheiten sind, die vor den zugehörigen **d**-Freiheiten besetzt werden müssen.

Consider the first diagram, Black has an eye (**o**) in the corner. To capture the Black stones, White must play on **o** last, and must play on all the points **d**, and **a**, before that. The points **d** are direct liberties, while the points **a** are approach-move liberties, which must be played before the matched **d**-liberties.

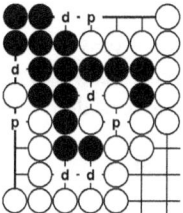

Auch im zweiten Diagramm muss Weiß wieder alle **d**-Punkte besetzen. Hier jedoch braucht Weiß die letzte (potentielle) Annäherungszug-Freiheit **p** nicht zu nehmen. Selbstverständlich muss sie auf die beiden anderen **p**-Punkte spielen.

In diesem Diagramm können wir erkennen, dass beim Vorliegen lediglich eines **p**/**d**-Paares dieses nur zu einer echten Freiheit äquivalent ist. Für jedes weitere **p**/**d**-Paar, das wir hinzufügen, bekommen wir zwei weitere echte Freiheiten – sowohl **p** als auch **d** müssen besetzt werden.

In the second diagram, White still has to play all the **d**-points. However, now White does not need to play the last (potential) approach-move liberty **p**. Obviously, White still has to play the other two **p**-points.

From this diagram, we can see that, if we have just one **p**/**d** pair, then they are equivalent to only one real liberty. We can also see that, for every other **p**/**d** pair that we add, we get two more real liberties – both the **p**, and the **d**, have to be played.

Über Annäherungszug-Freiheiten

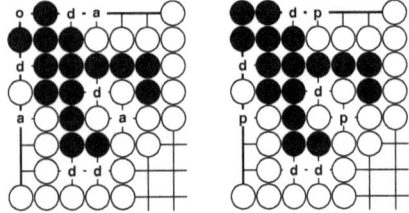
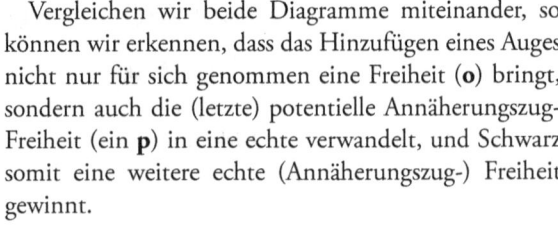

Vergleichen wir beide Diagramme miteinander, so können wir erkennen, dass das Hinzufügen eines Auges nicht nur für sich genommen eine Freiheit (**o**) bringt, sondern auch die (letzte) potentielle Annäherungszug-Freiheit (ein **p**) in eine echte verwandelt, und Schwarz somit eine weitere echte (Annäherungszug-) Freiheit gewinnt.

By comparing both diagrams, we can see that the addition of an eye, not only adds a liberty in the eye itself (**o**), but also promotes the (last) potential approach-move liberty (a **p**) into a real one, thus gaining a real (approach-move) liberty for Black.

Annäherungszug-Freiheiten im Problem 120
Approach-Move Liberties in Problem 120

Das Guzumi
The Guzumi

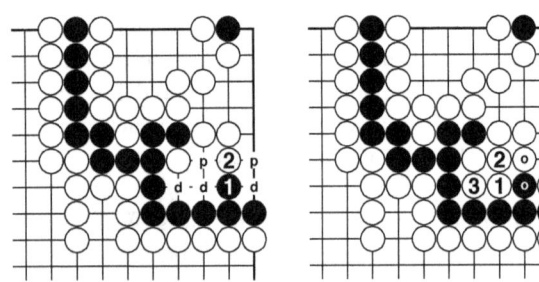
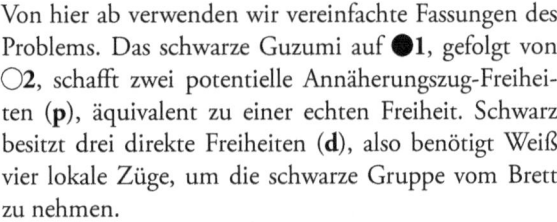

Von hier ab verwenden wir vereinfachte Fassungen des Problems. Das schwarze Guzumi auf ●1, gefolgt von ○2, schafft zwei potentielle Annäherungszug-Freiheiten (**p**), äquivalent zu einer echten Freiheit. Schwarz besitzt drei direkte Freiheiten (**d**), also benötigt Weiß vier lokale Züge, um die schwarze Gruppe vom Brett zu nehmen.

Bitte beachten Sie, dass Schwarz zuvor ebenfalls vier lokale Freiheiten besaß, also hat das Guzumi die Freiheiten lokal nicht verändert.

From here on, we will use simplified versions of the problem. Black's Guzumi at ●1, followed by ○2, creates two approach-move liberties (**p**), equivalent to one real liberty. Black has three direct liberties (**d**), so White needs four local moves to take Black's group off the board.

Please note that Black also had four local liberties beforehand, thus the Guzumi has not changed the liberties locally.

About Approach-Move Liberties

Das Hasami-Tsuke
The Hasami-Tsuke

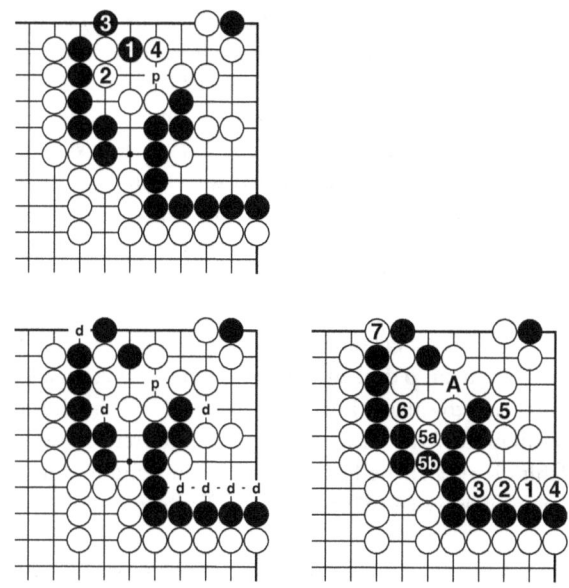

Betrachtet man die Abfolge nach dem Hasami-Tsuke, so hat Schwarz lokal eine Freiheit verloren und nur eine potentielle Annäherungszug-Freiheit **p** gewonnen – noch keine effektive Freiheit.

Considering the Hasami-Tsuke sequence, locally, Black has lost one liberty and has gained only one potential approach-move liberty **p** – not yet a real liberty.

Ohne zusätzlichen Augenpunkt der schwarzen Gruppe, oder Äquivalent, braucht Weiß nicht auf **A** zu spielen, da sie alle anderen direkten schwarzen Freiheiten (**d**) zuerst besetzen kann, um dann auf die letzte direkte Freiheit zu spielen, um die Gruppe zu schlagen.

Without the addition of an eye, or another potential approach-move liberty, White need not play at **A**, because she can occupy all Black's direct liberties (**d**) first, and then play the last direct liberty to capture the group.

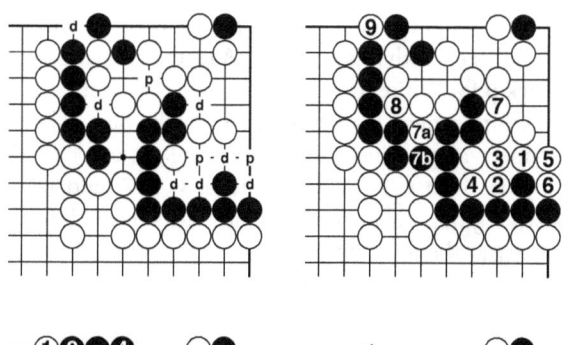

In Verbindung mit dem Guzumi besitzt Schwarz nunmehr drei potentielle Annäherungszug-Freiheiten **p**. Diese drei potentiellen Freiheiten werden zu zwei effektiven Freiheiten für Schwarz.

In conjunction with the Guzumi, Black now possesses three potential approach-move liberties **p**. These three potential liberties will become two real liberties for Black.

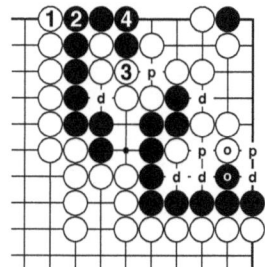 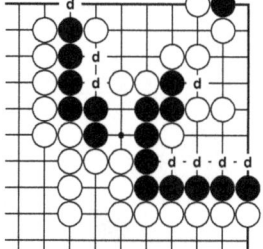

Das Guzumi ⊙ ermöglicht es Schwarz, die beiden Hasami-Tsuke-Steine nach weißen Atari anzubinden. Zur besseren Vergleichbarkeit haben wir den ⊙-Stein ergänzt, damit die Anzahl der lokal gespielten Züge gleich ist. Anschließend hat die schwarze Gruppe acht Freiheiten, ebenso viele wie ohne Guzumi und Hasami-Tsuke.

The Guzumi ⊙ enables Black to connect both of his Hasami-Tsuke-stones – after White's Atari. For the sake of better comparability, we added the ⊙-stone to have an identical number of locally played moves. After this, Black's group has eight liberties – as many as without either the Guzumi, or the Hasami-Tsuke.

Über Annäherungszug-Freiheiten

Zum Vergleich – Die Fujisawa-Lösung
For Comparison – The Fujisawa Solution

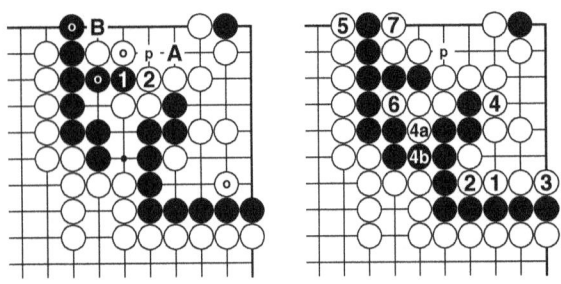

In der Lösung von Fujisawa Hideyuki 9p (📄 21) ist das jedoch anders, in der die ●-/⊙-Steine gespielt worden sind. Tauscht Schwarz zum Beispiel ●1 gegen ○2 aus, so ist auf **p** zwar eine potentielle Annäherungszug-Freiheit entstanden, Schwarz hat jedoch eine direkte Freiheit verloren. Schwarz besitzt weder ein Auge noch eine weitere Annäherungszug-Freiheit, also hat er durch diesen Austausch eine Freiheit verloren. Ein weiterer Austausch von Schwarz **p** gegen Weiß **A** ändert daran nichts.

Weiß kann zwar nicht sofort **B** spielen, wird jedoch auch nicht auf **p** decken. Denn nach dem Besetzen aller anderen schwarzen Freiheiten mit ○1 - ○6 nimmt Weiß mit ○7 die schwarze Gruppe vom Brett. Schwarz fehlt die zusätzliche Freiheit am oberen Rand und **p** ist keine effektive (Annäherungszug-) Freiheit.

This is not the same in the solution of Fujisawa Hideyuki 9p (📄 21), in which the ●-/⊙-stones have been played. If Black exchanges ●1 and ○2, for example, he has created a potential approach-move liberty at **p**, but he has also lost a direct liberty. Without either an eye, or another potential approach-move liberty, Black has lost a liberty with this exchange. A further exchange – of Black **p** for White **A** – does not change this fact.

White cannot play at **B** immediately, but will not connect at **p** either. After occupying all other black liberties with ○1 - ○6, White plays ○7, and takes Black's group off the board. Black lacks the additional liberty at the top, and **p** is not a real (approach-move) liberty.

Über Hanezeki
About Hanezeki

In diesem Kapitel werden die Eigenschaften der klassischen Form des Hanezeki erläutert und anschließend dessen Abbildung im Igo Hatsuyoron beschrieben.

In this chapter, the features of the classic form of Hanezeki are explained, and its mapping to Igo Hatsuyoron is described.

Das klassische Beispiel
The Classic Example

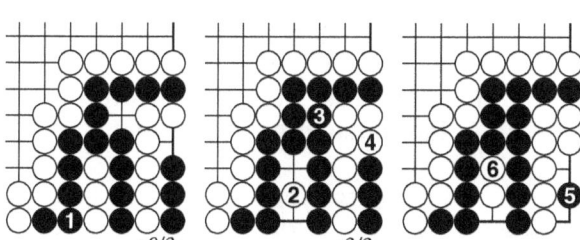

Dies ist das klassische Beispiel eines Hanezeki. Weder Schwarz noch Weiß profitieren von dessen Auflösung. Es wird angenommen, dass die weißen Steine auf der Außenseite bedingungslos leben.

This is the classic example of Hanezeki. Neither Black, nor White, will profit by resolving it. White's stones on the outside are assumed to be independently alive.

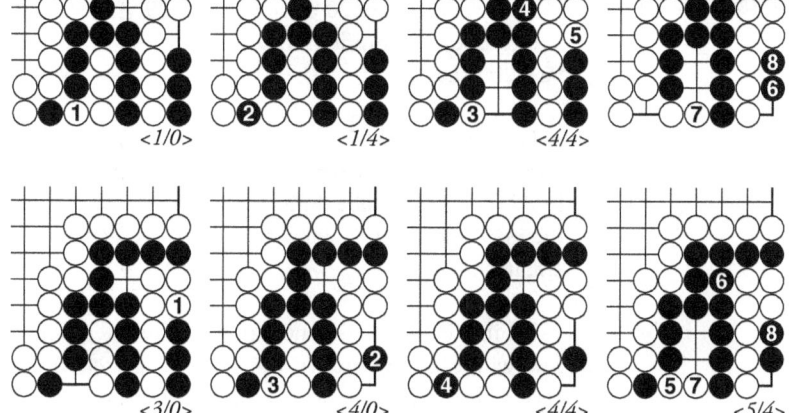

Schwarz startet das Semeai mit ●1. Aber Weiß gewinnt.

Black starts the Semeai with ●1. But White wins.

Weiß startet das Semeai mit ○1. Aber Schwarz gewinnt.

White starts the Semeai with ○1. But Black wins.

Weiß schlägt drei Steine mit ○1. Aber Schwarz gewinnt.

White captures three stones with ○1. But Black wins.

Über Hanezeki

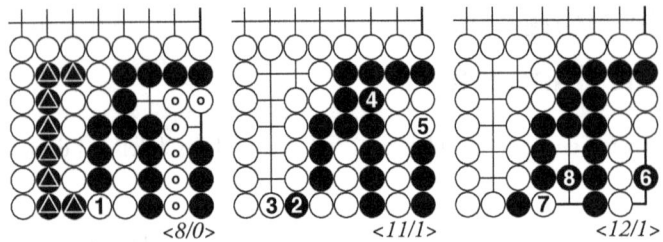

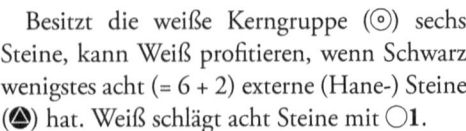

Besitzt die weiße Kerngruppe (◎) sechs Steine, kann Weiß profitieren, wenn Schwarz wenigstes acht (= 6 + 2) externe (Hane-) Steine (▲) hat. Weiß schlägt acht Steine mit ○**1**.

When White's main group (◎) has six stones, White can profit if Black has at least eight (= 6 + 2) external (Hane-) stones (▲). White captures eight stones with ○**1**.

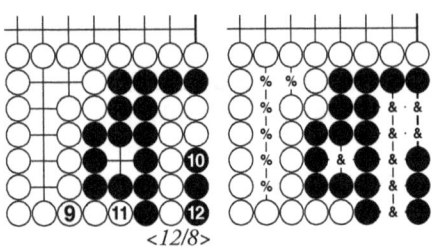

Schwarz:
8 Gefangene + 8 Gebietspunkte (&) = 16 Punkte.
Weiß:
12 Gefangene + 6 Gebietspunkte (%) = 18 Punkte.
Ergebnis: Weiß + 2.

Black:
8 prisoners + 8 points of territory (&) = 16 points.
White:
12 prisoners + 6 points of territory (%) = 18 points
Result: White + 2.

Das Hanezeki im Igo Hatsuyoron
Igo Hatsuyoron's Hanezeki

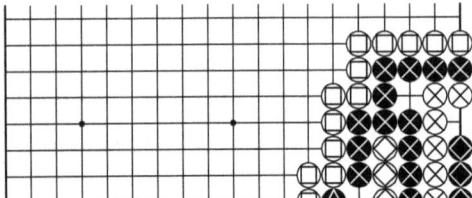

Problem 120 des Igo Hatsuyoron ist kein einfaches, klassisches Hanezeki. Es gibt 20 ▲-Steine, jedoch 29 ⊗-Steine, also profitiert Weiß auch hier nicht von der Auflösung des Hanezeki.

Problem 120 in Igo Hatsuyoron is not a simple classic Hanezeki. There are 20 ▲-stones, but 29 ⊗-stones, so White does not profit from dissolving the Hanezeki, here, as usual.

Die weißen ⊗-Steine (siehe nächste Seite) bilden ein temporäres Seki mit den schwarzen ●-Steinen, die es im klassischen Hanezeki nicht gibt. Die Auswirkungen dieses zusätzlichen temporären Seki werden später erläutert.

White's ⊗-stones (see next page) build a temporary Seki with Black's ●-stones, which are not present in the classic Hanezeki. The effect of this additional temporary Seki will be explained later.

About Hanezeki

Drei weiße Gruppen, die Atari geben
Three White Groups That Give Atari

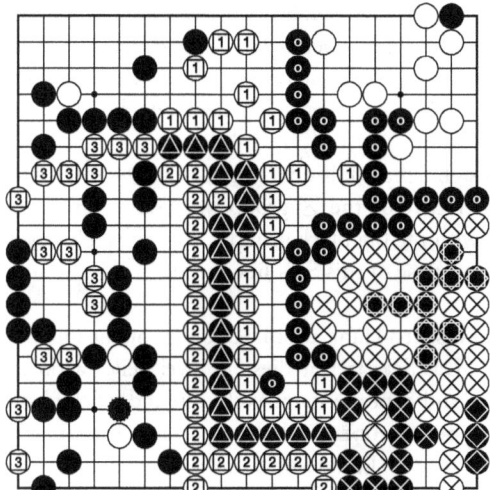

Der wirklich entscheidende Unterschied liegt darin, dass die weiße ⊙-Gruppe, die Atari auf die schwarze Hane-Gruppe (▲) gibt, in drei Teile (①②③) gesplittet ist. Jede dieser drei Gruppen muss zum Leben kommen, möchte Weiß das Schlagen der ▲-Gruppe vermeiden. Die ③-Gruppe sieht sehr schwach aus, sie wird keine zwei Augen bekommen. Weiß kann also nur darauf hoffen, das Hanezeki von der anderen Seite her aufzurollen, also die ○-Gruppe zu schlagen, um den oberen Teil ihrer ⊗-Gruppe zu retten.

Jedoch muss sie auch gleichzeitig den großen gebietsmäßigen Vorsprung von Schwarz aufholen.

Es gibt zwei weitere, miteinander verwobene Aspekte, die in diesem Problem anders sind:

Die beiden ⊗⊗-Gruppen besitzen zwei gemeinsame Freiheiten, und nicht nur eine. Das bedeutet, dass die Hane-Gruppe (▲) mehr als eine externe Freiheit benötigt, bevor darüber nachgedacht werden kann, die drei weißen ⊙-Steine zu schlagen.

Anderseits gibt es mehr als einen ▲-Stein. Nachdem Weiß das Oki gespielt hat, hat die schwarze Gruppe eine Annäherungszug-Freiheit mehr als sonst. Das bedeutet, dass es für Schwarz unkritisch ist, mit der ⊗-Gruppe eine weitere Freiheit mit der ⊗-Gruppe zu teilen.

The key difference is that White's ⊙-group, which gives Atari to Black's Hane-group (▲), is split into three (①②③). Each of these three groups must get life, if White wants to avoid having to capture of the ▲-group. The ③-group looks very weak, and it will be unable to get two eyes. White's only hope is to roll up the Hanezeki from the other side, by capturing the ○-group, and so saving the upper part of her ⊗-group.

But, simultaneously, she has to overcome Black's big territorial lead in the process.

There are two further important, and inter-related, aspects that are different in this problem:

The two ⊗⊗-chains share two liberties, and not one. This means that the Hane-group (▲) needs to get more than one external liberty before it can consider capturing the three white ⊙-stones.

There is more than one ▲-stone. Now, after White plays Oki, the Black group has one extra approach-move liberty. This means that it is safe for the ⊗-group to share an extra liberty with the ⊗-group.

Über Hanezeki

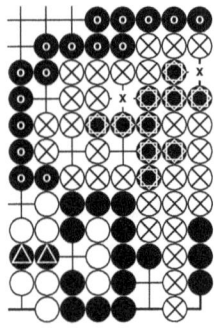

Das zusätzliche temporäre Seki
The Additional Temporary Seki

Auf den ersten Blick verzögert das zusätzliche Seki der ⊙-Gruppe mit dem oberen Teil der ⊗-Gruppe nur das Semeai mit der großen schwarzen Gruppe rechts oben. Der eigentliche Sinn dieses Seki liegt jedoch tiefer.

At first sight, the additional Seki of the ⊙-group with the upper part of the ⊗-group only slows down the Semeai with the big black group at top right. However, the real purpose of this Seki lies deeper.

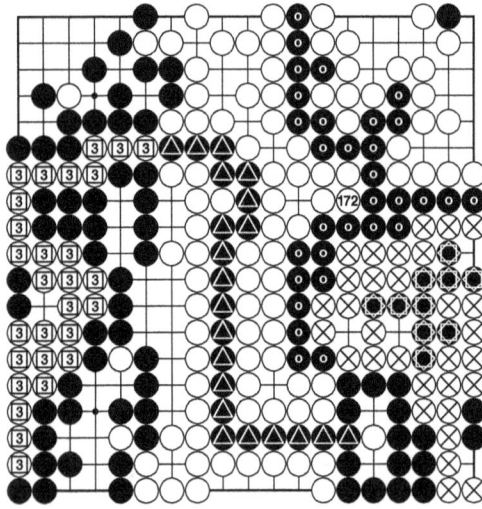

Im klassischen Hanezeki bilden die ⊗-Steine nur eine Gruppe. Das Seki trennt diese in zwei Teile, wirkt als "Puffer", und hebt die starre Verbindung der Schicksale der Gruppen darüber und darunter auf. Damit wird es möglich, den Punktestand anzugleichen und dem Problem zwei nahezu gleichwertige Hauptvarianten zu geben – die Semeai- und die Schlag-Variante.

In der Semeai-Variante schlägt Weiß am Ende die schwarze ⊙-Gruppe rechts oben, Schwarz bekommt die fast ebenso große weiße ③-Gruppe am linken Rand.

In der Schlag-Variante fängt Weiß die schwarze ▲-Gruppe, im Gegenzug bekommt Schwarz den oberen Teil der ⊗-Gruppe, was wiederum fast ebenso groß ist.

Auch für das Funktionieren des Straf-Semeai ist das zusätzliche Seki unverzichtbar.

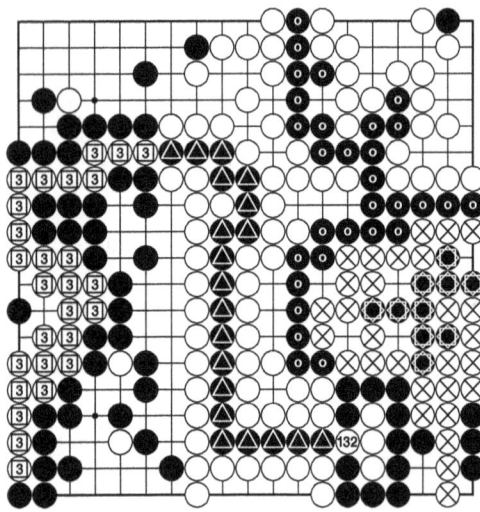

In the classic Hanezeki the ⊗-stones are only one group. The Seki splits it into two, and works as a "buffer", breaking the firm connection between the fates of the upper, and lower, parts. Only by this means is it possible to adjust the score, and to give the problem two, nearly equivalent, main variations – the Semeai, and the Capture variation.

In the Semeai variation, White captures Black's ⊙-group, finally, and Black gets White's ③-group on the left edge, which is of slightly less value.

In the Capture-Variation, White captures Black's ▲-group. In return, Black gets the upper part of the ⊗-group, which is of slightly less value.

The additional Seki is also essential for making the Punishment Semeai work.

Eine Zusammenfassung unserer Lösung
A Summary of Our Solution

Wir haben dieses Kapitel primär als Kurzfassung unserer Lösung (🗎 92) geschrieben, jedoch auch, um einige der Kernbestandteile und -zusammenhänge des Problems zu beleuchten, um ein möglichst klares Bild des Problems zu zeichnen. Der stark verkürzte Stil des Textes mag ungewöhnlich sein, wir hoffen jedoch, dass dieses Kapitel auch als Referenz hilfreich ist. Eine eher historische Zusammenfassung findet sich ab 🗎 51.

We wrote this synopsis primarily to give an outline of Our Solution (🗎 92), but also to highlight some of the problem's main features and interdependencies, in an attempt to clarify the structure. Although the style may be unfamiliar, we hope that it will be helpful, for reference purposes. For a more historical outline, see our Key Results (🗎 51).

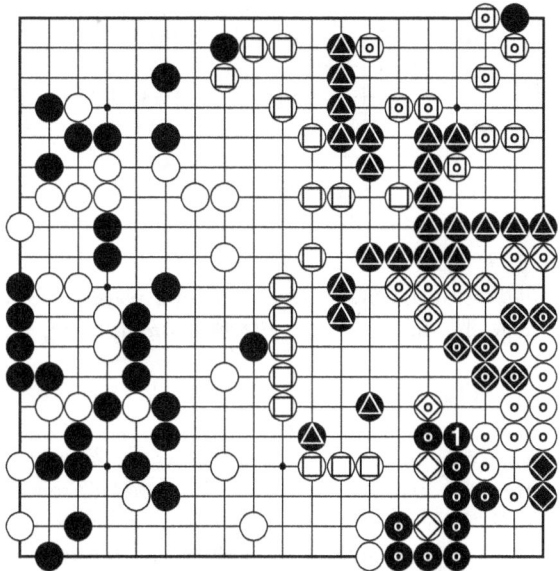

Dia 1: Der Beginn / The beginning (● 1)

Vom Hanezeki zum Guzumi

From Hanezeki to Guzumi

Zu Beginn, in Dia 1, kann ▲ keine zwei Augen bekommen; wenn diese Gruppe stirbt und ● keine große Gruppe von ○ tötet, wird ● verlieren. Links unten sind ◉/◈/◌/◆/◉/◇ allesamt schwach. Die anderen Gruppen können leben.

In Dia 1, at the very beginning, ▲ cannot get two eyes – if it dies, and ● does not kill a big ○ group, then ● loses. At lower right, ◉/◈/◌/◆/◉/◇ are all weak. The other groups can live.

Schauen wir voraus zum Dia 3: Dort wird es ein Rennen um Freiheiten zwischen ▲/△ geben, und ◉/◈/◌/◆/◉/◇ sowie ✖ sind zeitweilig mittendrin! ◙ ist stabil und hat mit dem Kampf darunter nichts zu tun.

If we look ahead (Dia 3): there will be a liberty race between ▲/△, with ◉/◈/◌/◆/◉/◇, and ✖, temporarily caught in between! ◙ is stable, and not involved in the fighting below.

●1 droht zunächst, ▲ und ◉ zu verbinden. ○ versucht, ◈ und ◻ zu verbinden. Wenn ○ Erfolg hat, dann stirbt ▲.

●1 first threatens to connect ▲, and ◉. ○ tries to connect ◈, and ◻. If ○ succeeds, then ▲ dies.

Eine Zusammenfassung unserer Lösung

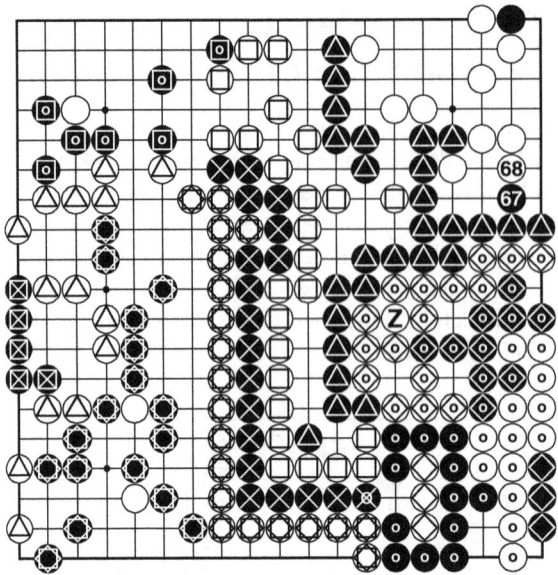

Dia 2: Nach / After ○2 - ○68

Keine Seite ist erfolgreich, und ▲ als auch ◎/◈ (ein einfaches Seki bildend) werden abgeschnitten.

Man beachte ein Schlüssel-Opfer auf **Z** (📄 88).

Weder ⊙, ● noch ▲ können unabhängig leben. In Dia 2 formen ⊙/◈/●/◇, zusammen mit dem **Schweif** (⊗) zeitweilig eine Form, die fast ein Hanezeki ist (ein spezielles Seki, in dem beide Spieler schlagen **könnten**, jedoch keiner **möchte**, 📄 123)! Das Hanezeki beginnt mit ⊗. ⊗ möchte entkommen, kann jedoch nicht, und wird immer größer. ○ möchte jedoch ⊗ immer noch nicht schlagen – ○ würde ◇/⊙/◈ verlieren und damit die Partie. Zu jedem Zeitpunkt ab jetzt kann ○ wählen, ⊗ zu schlagen, muss jedoch warten, bis das profitabel ist, falls überhaupt jemals.

Am Ende von Dia 2 können ⊗ und ◉ nicht verbinden, also wird ●**67** (**das Guzumi**, 📄 75) gespielt, und ○ steht vor einer schweren Entscheidung. ○ hat die Option, rechts oben Tenuki zu spielen, ▲ leben zu lassen, und darauf zu hoffen, durch Angriffe auf ◉/⊗ und Teile von ● auf der linken Seite ausreichend Kompensation zu erhalten. Jedoch erkennt ○ nach langer Analyse (📄 91), dass diese Option für sie kein besseres Ergebnis als ○**68** liefert, also muss sie ○**68** spielen. Dieser Zug verhindert, dass ▲ zwei Augen bekommt.

Neither player succeeds, and ▲ gets cut off, as do ◎/◈ (forming a simple Seki).

Note a key sacrifice at **Z** (📄 88).

Neither ⊙, ●, nor ▲, can live independently. By Dia 2, ⊙/◈/●/◇, together with the tail (⊗), temporarily form what is almost a Hanezeki (a strange Seki, where both players **can** capture, but normally neither **wants** to, 📄 123)! The Hanezeki starts with ⊗. ⊗ wants to escape, but cannot, and keeps growing bigger. However, ○ still does not want to capture ⊗ – ○ will lose ◇/⊙/◈, and so the game. At any time from now on, ○ can choose to capture ⊗, but she must wait until it is profitable, if ever.

At the end of Dia 2, ⊗, and ◉ cannot connect, so ●**67** (**the Guzumi**, 📄 75) is played, and ○ has to make a big decision. ○ has the option to play Tenuki at top right, let ▲ live, and to hope that she can get sufficient compensation by attacking ◉/⊗, and parts of ●, on the left side. However, after much analysis (📄 91), ○ sees that this option does not provide a better result for her than ○**68**, and so she has to play ○**68**, which stops ▲ from getting two eyes.

A Summary of Our Solution

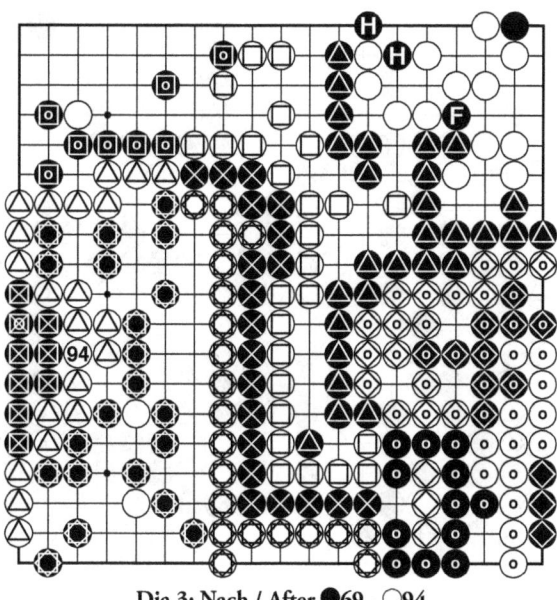

Dia 3: Nach / After ●69 - ○94

Nachdem ○ entschieden hat

Bevor ● in Dia 3 das Hauptziel weiterverfolgt, nutzt er die Chance, einige **Zwangszüge (F/H)** zu spielen, die **ihn selbst nichts kosten**, jedoch potentielles Gebiet von ○ reduzieren! ●67 und diese Zwangszüge **H** (📄 56) sind die wesentlichen Ursachen, weshalb unsere Lösung anders aussieht als **Fujisawas Lösung** (📄 21). Am Ende dieses Schnelldurchlaufs wird gezeigt, warum Fujisawas Lösung nicht mehr funktioniert.

● schneidet jetzt ⊙ ab und greift dann △ an. ⊗ wird größer und schließlich durch ○94 geschlagen. ● zerstört anschließend die Augenform von △ mit ⊗, und ⊗ wird später noch wiederholt geopfert werden. Möchte ○ das Schlagen von ⊗ umgehen, darf sie das Freiheiten-Wettrennen zwischen △ und ▲ nicht verlieren.

Anmerkung: ▣/□/⊙/● sind alle stabil und leben.

Nach Dia 3 besetzt ● zunächst Freiheiten von △, während ○ Freiheiten von ▲ nimmt. In der Zwischenzeit opfert ● zum wiederholten Male ⊗, und ○ bekommt mehr Gefangene.

After ○'s Decision

In Dia 3, before carrying on with the main business, ● takes the chance to play some **forcing moves (F/H)**, at **no cost to himself**, but reducing ○'s potential territory. It is ●67, and these forcing moves **H** (📄 56), which are the main reason that our solution looks different to the **Solution of Fujisawa Hideyuki 9p** (📄 21). Please refer to the end of this tour to see, why Fujisawa's Solution does not work anymore.

Now, ● cuts off ⊙, and then attacks △. ⊗ gets bigger, and is finally captured with ○94. ● then destroys △'s shape with ⊗, and ⊗ will be sacrificed repeatedly, later. If ○ is to avoid capturing ⊗, she must not lose the liberty race between △, and ▲.

N.B. ▣/□/⊙/● are all stable, and alive.

After Dia 3, ● first takes △'s liberties, while ○ takes ▲'s liberties. Meanwhile, ● repeatedly sacrifices ⊗, and ○ gets more prisoners.

Eine Zusammenfassung unserer Lösung

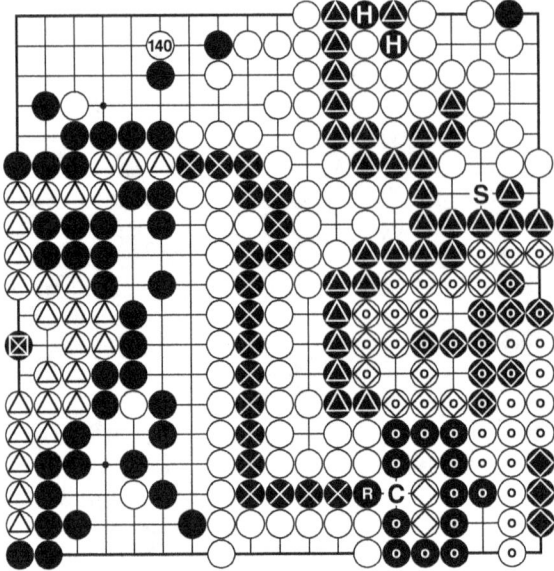

Dia 4 : Nach / After ●96 - ○140

Wenn ⊗ (= ●139) in Dia 4 gespielt wird, hat das Endspiel auf der linken Seite noch nicht begonnen.

○140 ist ein entscheidender Punkt.

- ○ kann immer noch ▲ fangen (zum Beispiel durch einen Start mit S), jedoch tötet ●C dann △ (📄 93).
- Stattdessen kann ○ auf C spielen, ⊗ fangen und △ retten. Jedoch lässt das ▲ leben, während ⊙ und ◉ gefangen werden (📄 95).

Seit den Zwangszügen (H) ist es stets besser für ○, ▲ zu töten und △ zu opfern, jedoch ist ○ nicht in Eile. Also nimmt ○ Sente mit dem Tsuke auf ○140 (📄 55) und beginnt das Endspiel auf der linken Seite – zunächst am oberen Rand, dann am unteren.

● wird in Dia 3 und Dia 4 ständig durch eine Drohung behindert, die wir mit **Straf-Semeai** (📄 70) bezeichnen. In dem Moment, in dem ⊗ links in das Auge von ○ gespielt wird, hat ▲ **7 Freiheiten**. Hat ▲ **auch nur 1 Freiheit** im Ablauf bis hierher verloren, wird ○ jetzt mit C schlagen. Nachdem ● mit R zurückgeschlagen hat, wird ○ sofort damit beginnen, Freiheiten von ▲ zu nehmen (zum Beispiel mit S). So gewinnt sie den Wettlauf um Leben-und-Tod zwischen ▲ und ◉ um einen Zug.

When ⊗ (= ●139) is played (Dia 4), the endgame on the left side has not yet been started.

○140 is a decision point.

- ○ can still capture ▲ (by starting at S, for example), but then ●C will kill △ (📄 93).
- Instead, ○ can play at C, capturing ⊗, and saving △. However, this will let ▲ live, while capturing ⊙, and ◉ (📄 95).

Ever since the forcing moves (H), it is better for ○ to kill ▲, and sacrifice △, but ○ is not in a hurry. So ○ takes Sente with the Tsuke of ○140 (📄 55) to start the endgame on the left side – first at top, and then at the bottom.

Throughout all of Dia 3, and Dia 4, ● is handicapped by the imminent threat of what we call the **Punishment Semeai** (📄 70). At the moment that ● plays ⊗ into ○'s eye on the left, ▲ has **7 liberties**. If ▲ **has lost only 1 more liberty** in the process so far, ○ will capture at C now. After ● recaptures at R, ○ will start taking liberties of ▲ immediately (at S, for example), and win the capturing race between ▲, and ◉, by one move.

A Summary of Our Solution

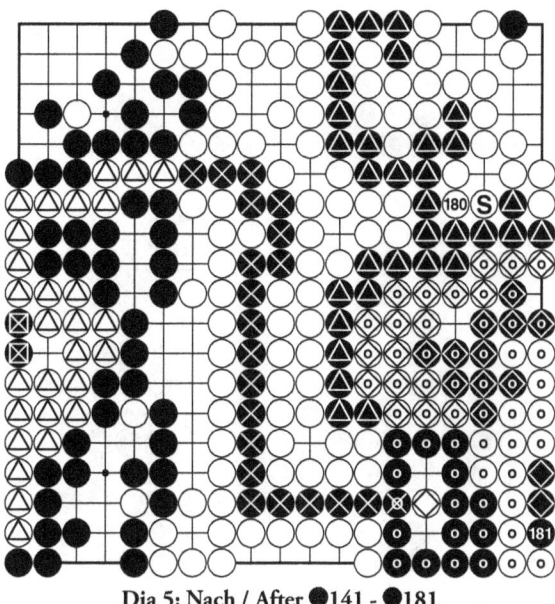

Dia 5: Nach / After ●141 - ●181

Anschließend fährt ○ damit fort, Freiheiten von ▲ zu besetzen (beginnend mit ○**160 = S**), und ● fängt ◇ (mit ●**161** auf ⊠, was ⊠ rettet), und tötet am Ende auch ⊙.

Beide Spieler besetzen nun jeweils Freiheiten des anderen, bis wir die Stellung erreichen, die in Dia 5 gezeigt ist.

Am Ende tötet ○**180** ▲, und ●**181** tötet ⊙, was ◆ rettet.

Die beiden großen Gruppen, die mit dem Wettlauf um Freiheiten zu tun hatten – ▲ und △ – sind gestorben!

Man beachte, dass das Seki (mit ◎/◉) das Semeai auf der rechten Seite verlangsamt hat. ○ **gewinnt den Kampf mit** ▲, kann jedoch ⊙ nicht retten. ◆ lebt.

Thereafter, ○ continues to occupy ▲'s liberties (with ○**160** at **S**), and ● captures ◇ (with ●**161** at ⊠, so saving ⊠), eventually also killing ⊙.

Both players now take each other's liberties, until we reach the position shown in Dia 5.

Finally, ○**180** kills ▲, and ●**181** kills ⊙, so saving ◆.

Both of the larger groups that were in the liberty race – ▲, and △ – have died!

Note that the Seki (with ◎/◉) slowed down the Semeai on the right side. ○ **wins the fight with** ▲, but cannot save ⊙. ◆ lives.

131

Eine Zusammenfassung unserer Lösung

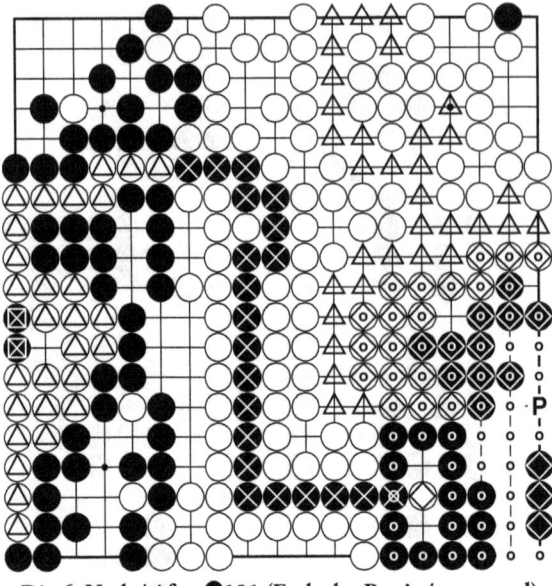

Dia 6: Nach / After ●181 (Ende der Partie / game end)

Das Resultat

Wir haben jetzt Dia 6 erreicht, in dem △ tot ist.

Gefangene, auch auf dem Brett:	○ 50	● 63
Gebiet:	● 77	○ 60
Punkte insgesamt:	● 127	○ 123

● gewinnt mit vier Punkten.

Lassen Sie uns annehmen, dass es bereits einen auf **P** geschlagenen Stein von ● gab, bevor das Problem begann (📄 52). **In diesem Fall gewinnt ● mit drei Punkten.**

Wir können jetzt erkennen, dass das zusätzliche Seki zwischen ◎/◈ (verglichen mit der klassischen Version eines Hanezeki, in der es nur eine Gruppe von ○ gibt, jedoch keine von ● dazwischen) auch dazu dient, den Spielstand anzugleichen, d. h., diese Semeai-Variante relativ knapp zu gestalten.

Wir haben nun das Ende unseres Lösungsweges erreicht. Zum Abschluss werfen wir jetzt noch einen kurzen Blick auf einige andere Schlüssel-Eigenschaften und Zusammenhänge.

The Score

We now have Dia 6. N.B. △ is dead.

Prisoners, also on the board:	○ 50	● 63
Territory:	● 77	○ 60
Total points:	● 127	○ 123

● wins by four points.

Let us assume that there was also a ● stone captured at **P**, before the problem starts (📄 52). **If so, ● wins by three points.**

We can now see that the additional Seki of ◎/◈ (compared to the classic version of a Hanezeki, in which there is only one ○ group, and no ● one in-between), serves also to adjust the score, i.e. making this Semeai variation relatively close.

We have reached the end of Our Solution. However, we will now take a quick look at some other key features, and interdependencies.

A Summary of Our Solution

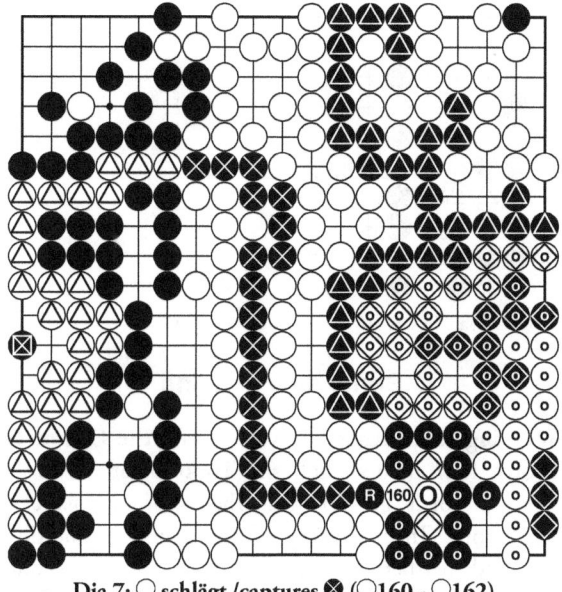

Dia 7: ○ schlägt /captures ⊗ (○160 - ○162)

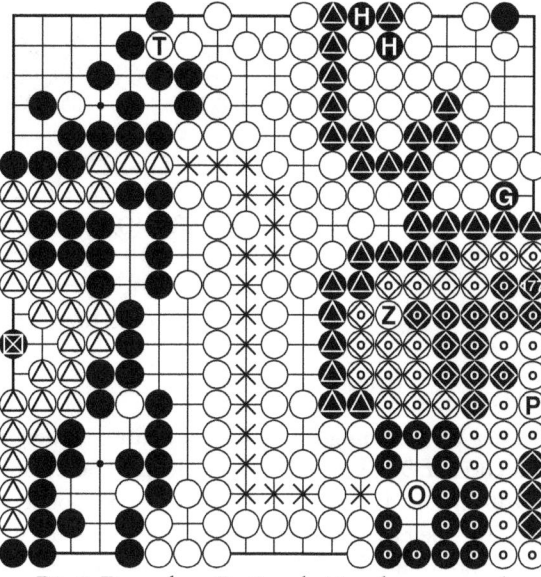

Dia 8: Ein anderes Partieende / Another game end
(Nach / After ●163 - ●177)

Wenn ○ das Zentrum von ● schlägt

Nachdem die Endspiel-Abfolgen aus Dia 4 auf der linken Seite beendet sind, kann ○ auch ⊗ mit ○**160** (Dia 7) schlagen – das ist vergleichbar zu Fujisawas Schlag-Variante (📄 51). Als nächstes schlägt ● auf **R** zurück. ○ kann ▲ nicht töten, also nimmt sie sich Punkte in Vorhand mit dem **Oki** auf **O** (📄 69).

Beide Spieler besetzen dann wieder wechselseitig gegnerische Freiheiten (Dia 8), wobei ● zuerst ⊙ schlägt und dann abschließend ●177 spielt, um ◈ zu fangen. Das Abschlussbild in Dia 8 sieht ganz anders aus als das in Dia 6.

Das Ergebnis dieser Variante ist:

Gefangene, auch auf dem Brett:	○ 40	● 49
Gebiet:	● 63	○ 48
Punkte insgesamt:	● 103	○ 97

● **gewinnt mit sechs Punkten** (unter der Annahme eines Steines von ●, der auf **P** geschlagen wurde, **mit fünf Punkten**). In unserer Lösung (Dias 1 - 6) schneidet ○ um zwei Punkte besser ab (📄 93), weil sie diese Variante hier nicht gewählt hat.

If ○ Captures ●'s Centre

After finishing the endgame sequences on the left side in Dia 4, ○ can, instead, capture ⊗ with ○**160** (Dia 7) – this is similar to the variation (📄 51) of the Fujisawa Solution. Next, ● recaptures at **R**. ○ can't kill ▲, so takes points in Sente, with the **Oki** at **O** (📄 69).

Both players now take each other's liberties (Dia 8), with ● first capturing ⊙, and finally playing ●**177** to capture ◈. The picture in Dia 8 looks completely different from Dia 6.

The scoring for this variation is:

Prisoners, also on the board:	○ 40	● 49
Territory:	● 63	○ 48
Total points:	● 103	○ 97

● **wins by six points** (on the board, and by **five points**, assuming the additional ● prisoner, captured at **P**). ○ will do better by two points (📄 93), when not choosing this variation.

Eine Zusammenfassung unserer Lösung

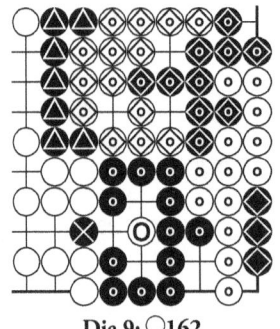
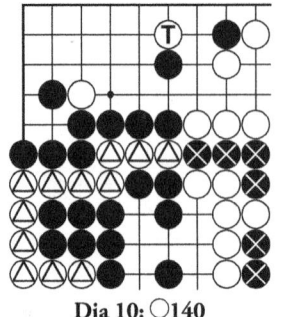

Dia 9: ○162   Dia 10: ○140

Neue Gewinne für ○

An der Verbesserung des Ergebnisses für ○ arbeiten das Oki auf O (Wert vier Punkte) und **das Tsuke T mit ○140** in Dia 4, Wert zwei Punkte. Der kombinierte Gewinn beträgt sechs Punkte. Die Variante der Fujisawa-Lösung beinhaltete keinen dieser Züge (und auch nicht das zweite Einwerfen auf **Z**, mit einem Vorteil von zwei Punkten für ● in unserer Lösung, siehe unten). Folglich dachte man, dass ● mit vier Punkten gewinnen würde. Die Entdeckung dieser beiden Züge für ○ ermöglichte ○ dann einen Sieg mit zwei Punkten, wodurch augenscheinlich die bekannten Lösungen hinfällig wurden.

Some New ○ Gains

Working to increase ○'s score – are **the Oki at O** (worth four points), and the **Tsuke T of ○140** in Dia 4, worth two points. The combined gain is six points. The variation of the Fujisawa Solution included neither of these moves (nor the second Throw-in at **Z**, with a gain of two points for ● in Our Solution), so it was thought that ● would win by four points. The discovery of these two moves for ○, then gave ○ a win by two points, apparently destroying the known solutions.

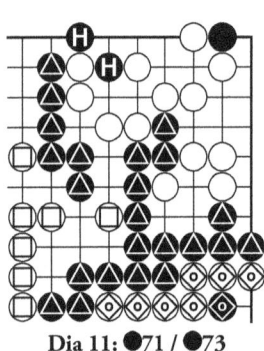
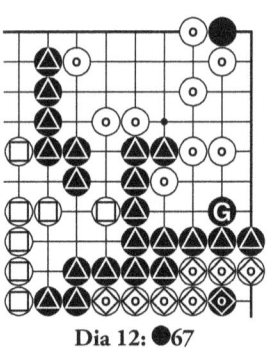
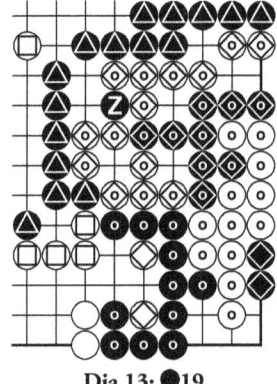

Dia 11: ●71 / ●73   Dia 12: ●67   Dia 13: ●19

Neue Gewinne für ●

Bedingt durch die neuen Züge – dem **Hasami-Tsuke** (**H**, vier Punkte), dem **Guzumi** (**G**, drei Punkte), und dem **zweiten Einwerfen** (**Z**, hier ein Punkt) – steht ○ nunmehr acht Punkte schlechter da als zuvor. Ohne diese (jedoch mit dem profitablem Oki, siehe oben) würde ○, wie oben erwähnt, durch das Fangen von ⊗ mit zwei Punkten gewinnen. **Die Bedeutung dieser Zwangszüge für die Reduzierung des Punktestandes von ○ ist somit klar ersichtlich.**

Some New ● Gains

With the new moves – the **Hasami-Tsuke** (**H**, four points), the **Guzumi** (**G**, three points), and the **second Throw-in** (**Z**, one point here) – ○ is eight points worse off. Without these (but with the profitable Oki – see above), by capturing ⊗, ○ would win by two points, as mentioned above. **The importance of these new moves, in reducing ○'s score, is clear.**

Danksagung
Acknowledgements

Herzlicher Dank geht an all die Personen (von denen wir wissen), die bislang mit dem Problem gearbeitet haben und deren wertvolle Ergebnisse die Basis unserer Amateur-Untersuchungen legten.

Zu allererst ist hier Fujisawa Hideyuki 9p, auch bekannt als Fujisawa Shûkô, zu nennen, der dieses Problem bearbeitete, das offensichtlich in zuvor veröffentlichten Ausgaben des Igo Hatsuyoron nicht enthalten war. Zusammen mit Yasuda Yasutoshi 9p, der die Hanezeki-Abfolge entwickelte und Fujisawa Kajinari 8p, arbeiteten sie insgesamt ungefähr 1.000 Stunden, um die Lösung zu finden, die schließlich 1982 in Fujisawas Buch veröffentlicht wurde. Zusätzlich publizierte er einen Artikel in der Go World, nur zu diesem Problem, durch den die westliche Welt von diesem neuen Problem erfuhr.

Cheng Xiaoliu 6p fand einen zusätzlichen Austausch in der Hanezeki-Abfolge, im Wert von zwei Punkten, und veröffentlichte diesen 1988 in seinem Buch.

Merlijn Kuin 6d stellte "Dosetsu's problem" in goproblems.com ein. Er hatte einige zusätzliche Varianten eingefügt, die es in den Büchern zuvor noch nicht gab. Auch Denis Feldmann entwickelte zusätzliche Varianten und stellte das Problem auf seiner Webseite vor. Auf goproblems.com diskutierte Joachim Meinhardt die Frage eines vielleicht fehlenden schwarzen Steines, lange bevor er mit seiner Idee des "späten" Oki in Erscheinung trat.

Joachims Meinhardts "spätes" Oki ist der entscheidende Todesstoß für die professionellen Lösungen des Problems. Dessen gebietsmäßiger Vorteil führt Weiß zum Sieg.

Während eines Aufenthalts in Korea war Yamada Shinji 5p, so nett, einen Teil seiner wertvollen Zeit unseren seinerzeitigen Erkenntnissen zu widmen. Er bestätigte Joachims Oki und fand zusätzlich das Tsuke in der linken oberen Ecke. Dank gebührt Benjamin Teuber 6d, der den Kontakt vermittelte.

Many thanks go to all the people (that we know of), who have worked on the problem so far, and whose valuable results have laid the foundations for our amateur research.

First of all, there is Fujisawa Hideyuki 9p, also known as Fujisawa Shûkô, who worked on this problem, which is apparently not included in previous published editions of Igo Hatsuyoron. Together with Yasuda Yasutoshi 9p, who developed the Hanezeki sequence, and Fujisawa Kajinari 8p, they worked for a total of approximately 1,000 hours to find the solution, which was finally published in Fujisawa's 1982 book. Additionally, he published an article in the Go World, on this problem alone, from which the Western world got knowledge of the new problem.

Cheng Xiaoliu 6p found an additional exchange in the Hanezeki sequence, worth two points, and published it in his 1988 book.

Merlijn Kuin 6d introduced "Dosetsu's problem" to goproblems.com. He also included some additional variations, not to be found in the books so far. Additional variations were also developed by Denis Feldmann, who presented the problem on his website. On goproblems.com Joachim Meinhardt had discussed the question of a probably missing black stone, long before he came up with his idea of the "late" Oki.

Joachim Meinhardt's "late" Oki is the decisive death blow to the professional solutions of the problem. Its territorial advantage leads White to victory.

During a stay in Korea, Yamada Shinji 5p, was so kind as to spend some of his valuable time on our results so far. He confirmed the validity of Joachim's Oki, and, additionally, found the Tsuke in the top left corner. Many thanks go to Benjamin Teuber 6d, who made the contact possible.

Danksagung

Meine Ideen des zweiten Einwerfens innerhalb der Hanezeki-Abfolge und des Guzumi in der rechten oberen Ecke sind bislang professionell noch nicht bestätigt, also könnten sie mit einiger Vorsicht zu genießen sein.

Yoon Young-Sun 8p, war so freundlich, uns verschiedene Abfolgen zum Endspiel in einigen Varianten nach meinem Guzumi zu zeigen.

Joachim arbeitete unermüdlich daran, unsere Ideen zu potentiellen Zug-Alternativen auf das wirklich Funktionierende zu reduzieren. Dabei war ihm sein Talent, Fernwirkungen zu erkennen, die sich zum Teil erst bis zu 100 Züge später zeigten, eine große Hilfe.

Last but not least ist Harry Fearnley zu nennen, der unserem Amateur-Team beitrat. Sein Hasami-Tsuke in der rechten oberen Ecke, nur möglich nach meinem Guzumi, versorgte unsere Lösung mit einem entscheidenden gebietsmäßigen Vorteil für Schwarz. Jetzt ist auch wieder die Existenz eines schwarzen Gefangenen zu Beginn dieses Mittelspiel-Tsume-Go denkbar. Und Harry hatte schwer daran gearbeitet, mein "Deutsches Englisch" lesbar zu machen.

Ich verbeuge mich in Ehrfurcht vor Inoue Dosetsu Inseki, dessen Genie die Quelle des "really most difficult" Go-Problems war, das jemals geschaffen wurde.

Sollte dieses Buch Unzulänglichkeiten enthalten, bin dafür selbstverständlich einzig und allein ich verantwortlich (und keinesfalls eine der anderen vorgenannten Personen).

Thomas Redecker

My ideas of the second Throw-in, during the Hanezeki sequence, and the Guzumi in the top right corner have not been confirmed professionally yet, so perhaps the reader might take them with a pinch of salt.

Yoon Young-Sun 8p, was so kind as to give us several sequences, concerning the endgame in some variations after my Guzumi.

Joachim has worked tirelessly to reduce our potential move-alternatives to those that really worked. His gift for anticipating far-distant effects – maybe as many as 100 moves later – has been a great help in doing this.

Last, but not least, there is Harry Fearnley, who joined our amateur research team. His Hasami-Tsuke in the top right corner – possible only after my Guzumi – provided our solution with a decisive territorial advantage for Black. Now it was possible again to claim the existence of a black prisoner at the very beginning of this middle-game Tsume-Go. Harry also worked hard to make my "German English" readable for native speakers.

I bow my head in deep respect for Inoue Dosetsu Inseki, whose genius was the source of the really most difficult Go problem ever created.

Should there be any flaw in this book, it goes without saying that only me (but none of the other people mentioned above) can be blamed.

Thomas Redecker

Quellenangaben
References

Literatur
Literature

Fujisawa, Hideyuki: Igo Hatsuyoron. Heibonsha, 1. Auflage 25.08.1982 (Orient Bibliothek 412), 6. Auflage 15.05.1993, 241 - 246. ISBN 4-582-80412-8
    Fujisawa, Hideyuki: Igo Hatsuyoron. Heibonsha, 1. edition 25/08/1982 (Orient Library 412), 6. edition 15/03/1993, 241 - 246. ISBN 4-582-80412-8

Fujisawa, Hideyuki: "The most difficult problem ever". In Kiseido, Go World No. 29, 1982, 43, 47 - 49.
    Fujisawa, Hideyuki: "The most difficult problem ever". In Kiseido, Go World Nr. 29, 1982, , 43, 47 - 49.

Cheng Xiaoliu: Weiqi Fayanglun (neue Lösungen). Shurong Weiqi Verlag, 1. Auflage 01.09.1988, 2. Auflage 11.2003, 348 - 355. ISBN 7-80548-147-4
    Cheng Xiaoliu: Weiqi Fayanglun (new solutions). Shurong Weiqi Publishing House, 1. edition 01/09/1988, 2. edition 11/2003, 348 - 355. ISBN 7-80548-147-4

Fearnley, Harry, "Circular Hanezeki", working paper, 10/02/2011.
    Fearnley, Harry, "Circular Hanezeki", Arbeitspapier, 10.02.2011.

Internet
Internet

Fearnley, Harry: http://harryfearnley.com

Feldmann, Denis: http://denisfeldmann.fr/bestiary.htm#index

Hubert, Jérome: http://jerome.hubert1.perso.sfr.fr/Go/vie_mort/Hatsuyoron-29s.htm

Kuin, Merlijn: http://goproblems.com/prob.php3?id=404

Redecker, Thomas: http://dgob.de/dgoz/trmdpe/index.htm

Sensei's Library: http://senseis.xmp.net/?MostDifficultProblemEver

Tchan, Timothy: http://tchan001.wordpress.com

Postskript
Postscript

Als sich das Buch in der Korrekturlesung befand, hörten wir von einem kürzlich erschienenen Buch, "Untersuchungen über Weiqi Fayanglun", von Cheng Xiaoliu 6p. Soweit wir zu Problem 120 sehen können, sind die für uns interessanten Hauptergebnisse des Autors: Er

– nimmt einen schwarzen Gefangenen an,
– verwendet das zweite Einwerfen rechts unten,
– benutzt das "späte", entscheidende Oki,
– beginnt das Endspiel auf der linken Seite vor dem Besetzen der restlichen Freiheiten der schwarzen Gruppe rechts oben,
– gibt das Endergebnis mit Jigo an,
– erwähnt das Guzumi rechts oben nicht,
– erwähnt das Hasami-Tsuke rechts oben nicht,
– und erwähnt das Tsuke oben links nicht.

After the book was in final proofs, we heard about a recently published book, "Research on Weiqi Fayanglun", by Cheng Xiaoliu 6p. As far as can see, for problem 120, the author's main results of interest to us are: He

– assumes that a black prisoner has been captured,
– uses the second Throw-in at lower right,
– uses the "late", decisive Oki at lower right,
– starts the endgame on the left side before further occupying Black's liberties at top right,
– gives the final result as Jigo,
– does not mention the Guzumi at top right,
– does not mention the Hasami-Tsuke at top right,
– and does not mention the Tsuke at top left.

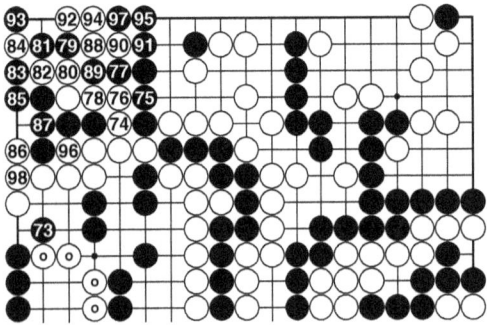

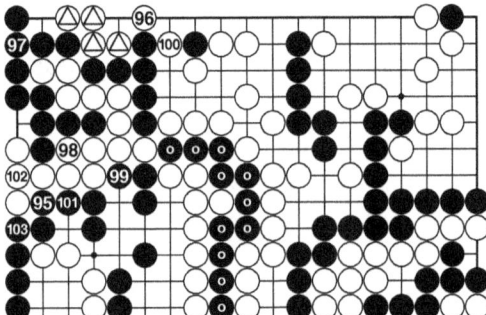

Jedoch können wir einer seiner Varianten leider nicht folgen. In seinem Diagramm 16 (links) verteidigt Schwarz mit **73** nicht seine Ecke auf **74**, sondern spielt stattdessen aggressiv und fängt die weißen ⊙-Steine am linken Rand.

Es scheint uns, dass Schwarz in der rechts gezeigten Variante mit **95** eine Freiheit der weißen Gruppe auf der linken Seite besetzen könnte, anstatt wie in der Cheng-Variante am oberen Rand Sagari zu spielen. Schwarz **97** ist Vorhand gegen die weiße △-Gruppe, was Weiß dazu zwingt, sich mit **98** eine eigene Freiheit zu nehmen. Nach Schwarz **103** muss Weiß schließlich das schwarze Zentrum (●) schlagen, und Schwarz gewinnt mit einigen Punkten.

But, unfortunately, we cannot follow one of his variations. In his Diagram 16 (shown at left), with **73**, Black does not defend his corner by playing at **74**, but plays aggressively, instead, and captures White's ⊙-stones on the left side.

It seems to us that, with **95**, instead of following Cheng's variation by playing Sagari at top, Black could play as in the diagram at right, and take a liberty of White's group. Black **97** is Sente to capture White's △-group, and forces White to occupy a liberty of her own group on the left side with **98**. After Black **103**, White must capture Black's centre (●), and Black will win by a few points.

Glossar
Glossary

Atari

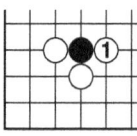

Der Zustand eines Steins oder einer Gruppe, die nur eine Freiheit besitzt (und mit dem nächsten Zug geschlagen werden könnte). Sehr oft benutzt für den Zug, der die vorletzte Freiheit nimmt (○**1**).

The state of a stone or a group, which has only one liberty (and could be captured by the next move). Very often used for the move – which takes the last but one liberty (○**1**).

Einwerfen / Throw-in

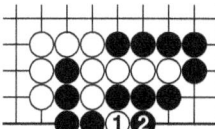

Ein Opferstein, mit dem verhindert wird, dass der Gegner an gleicher Stelle verbindet und mit dem die Form eines falschen Auges (**x**) erzeugt wird.

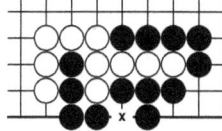

A sacrifice stone, which prevents the opponents from connecting at that point, and which results in a false eye shape (**x**).

Geta

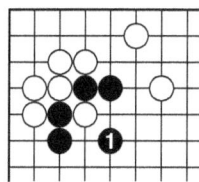

Netz. Fangen durch Blockade der möglichen Ausgänge.

Net. Capturing by blocking the possible exits.

Gote

Nachhand. Ein Zug, der nicht beantwortet werden muss.

Losing the initiative. A move, which need not be answered.

Guzumi

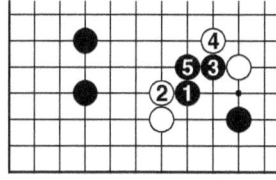

Gute schlechte Form. Eine Form (meist ein leeres Dreieck), die schlecht aussieht, sich im Zusammenhang jedoch als gut und wirksam herausstellt.

Good bad shape. A shape (usually an empty triangle), which looks bad, but is good, and effective, in the local context.

Hanami-Ko

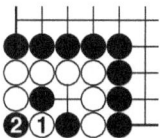

Ko, bei dem eine Seite fast alles zu verlieren hat (oder viel mehr als der Gegner), während die andere nahezu nichts aufs Spiel setzt.

"Flower viewing" or "Picnic" Ko. One side has almost everything to lose (or much more than the opponent), while the other stakes almost nothing.

Hanezeki

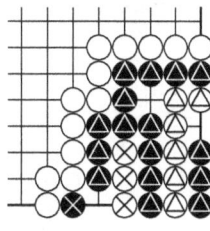

Ein Seki (△▲⊗), in der jede Seite eine Gruppe in Atari besitzt (⊗⊗), die jedoch nicht geschlagen wird. Andernfalls ist der Verlust höher als das, was gewonnen wird.

A Seki (△▲⊗), in which each side has a chain in Atari (⊗⊗), which must not be captured. Otherwise the loss will be greater than the gain.

Hasami-Tsuke

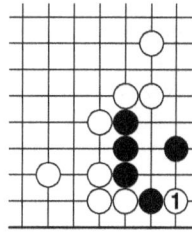

Klammer. Ein Zug, der an einen gegnerischen Stein anlegt und diesen gleichzeitig in die Zange nimmt.

Clamp. A move, which attaches to an opponent's stone, and at the same time, pincers that stone.

Kikashi

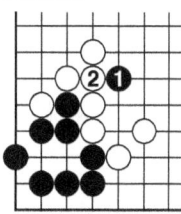

Ein Vorhand-Zug, der oft eine gewisse zusätzliche Wirkung besitzt, die später verwendet werden könnte. Oft außerhalb einer hauptsächlichen Zugfolge gespielt.

Forcing move. A Sente move, which often has some additional effect that might be used later. Often played outside the main flow of play.

Glossar

Ko

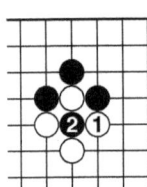

Form, in der die Regeln das Schlagen eines einzelnen Steines (●2) verbieten, der soeben einen Stein des Gegners auf dem verboten Punkt geschlagen hat.

Shape, in which the rules prohibit the capture of a single stone (●2) that has just captured a single stone of the opponent at the prohibited point.

Me ari me nashi

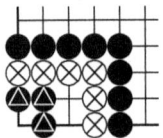

Kampf um Leben und Tod, bei dem die eine Seite (▲) ein Auge hat, die andere (⊗) keines.

Capturing Race, wherein one side (▲) has an eye, the other (⊗) hasn't.

Miai

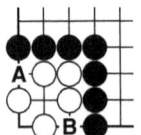

Zwei Optionen gleichen Wertes. Nimmt ein Spieler die eine davon, bleibt die andere für den Gegner (der diese oft ergreifen muss).

Two options of the same value. If one player takes one of them, the other one is left for the opponent (who is often forced to play there).

Nakade

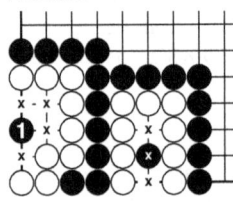

Eine große Form (x), die auf ein Auge reduziert werden kann. Auch verwendet für den Zug, der den "springenden Punkt" (●1) einer solchen Form besetzt.

Large shape (x), which can be reduced to only one eye. Also used for the move (●1) that takes the "vital point" of such a shape.

Oki

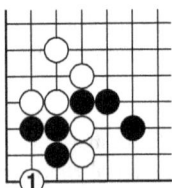

Ein Stein, der innerhalb einer gegnerischen Gruppe platziert wird, oft auf einem "springenden Punkt".

Placement. A stone placed inside an opponent's group, often on a "vital point".

Sagari

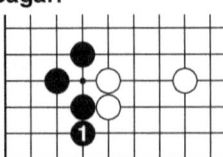

Ein Zug wie ●1, der in Richtung des Brettrandes hinunter streckt.

A move like ●1, which descents towards the edge of the board.

Seki

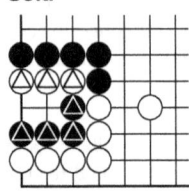

Gemeinsames Leben. Eine Stellung, in sich der Gruppen verschiedener Farbe Freiheiten teilen, jedoch nicht unabhängig leben. Keine Seite kann Steine der anderen schlagen, ohne mehr Punkte zu verlieren als zu bekommen.

Mutual life. A configuration where groups of different colours share liberties, and are not independently alive. Neither side may capture any of their opponent's stones without losing more points than they gain.

Semeai

"Tötungswettlauf". Kampf um Leben und Tod.

"Capturing Race". Fight for life and death.

Sente

Vorhand. Ein Zug, der beantwortet wurde.

Initiative. A move, which is answered.

Tenuki

Fernbleiben. Nicht lokal antworten.

Playing somewhere else. Not answering locally.

Throw-in

See "Einwerfen / Throw-in" on the previous page.

Tsuke

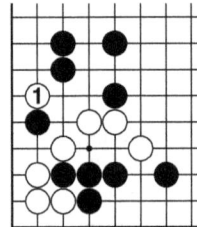

Anlegen. Ein Stein, der in direkter Nachbarschaft eines einzelnen gegnerischen Steines gespielt wird.

Attachment. A stone which is played in immediate contact with an opponent's single stone.

Glossary

Semeai-Variante / Semeai variation

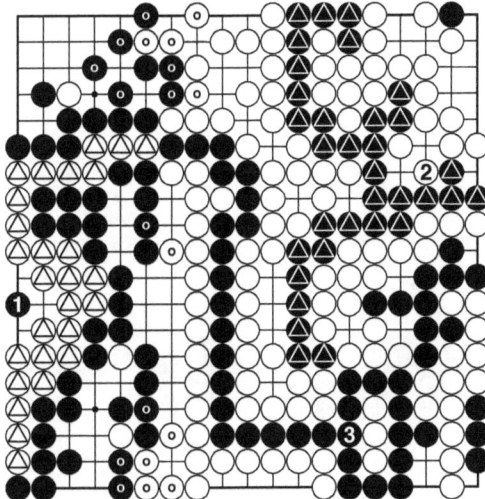

Nachdem Schwarz mit ●1 in das Auge der ▲-Gruppe gespielt hat, nimmt Weiß – ggf. nach dem Endspiel (◉/◍) auf der linken Seite – der ▲-Gruppe mit ○2 eine weitere Freiheit. Die beiden △-/▲-Gruppen sterben.

After Black played at ●1 into the eye of the ▲-group, White takes – may be after the endgame (◉/◍) on the left side – a further liberty of the ▲-group with ○2. Both △-/▲-groups die.

Schlag-Variante / Capture variation

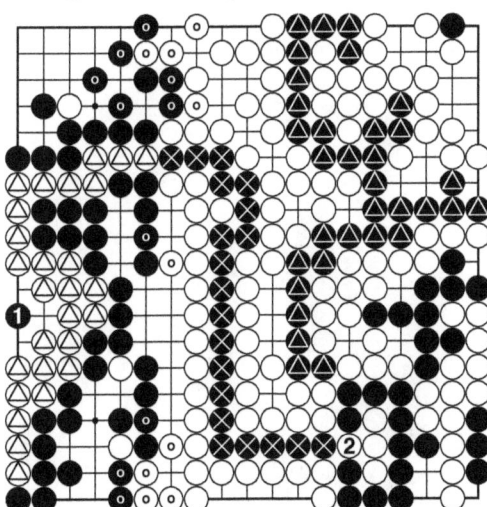

In dieser Variante schlägt Weiß nach ●1 – und ggf. dem Endspiel (◉/◍) auf der linken Seite – mit ○2 die ✖-Gruppe. Beide △-/▲-Gruppen kommen zum Leben.

In this variation, after ●1 – and may be after the endgame (◉/◍) on the left side – White captures the ✖-group with ○2. Both △-/▲-groups will live.

Straf-Semeai / Punishment Semeai

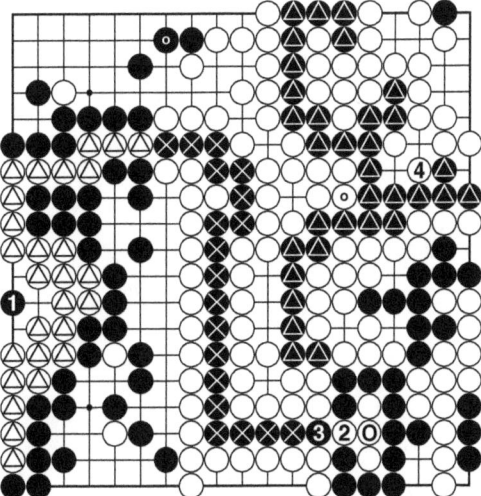

Hat Schwarz fehlerhafter Weise einen Zug (zum Beispiel durch die Sicherung seiner oberen linken Ecke mit ◍) oder eine Freiheit seiner ▲-Gruppe verloren (Weiß hat jetzt einen zusätzlichen Stein auf ◉), so wird Weiß – nach ●1 – zuerst die ✖-Gruppe schlagen und danach sofort (ohne das Oki auf O zu spielen) mit der Besetzung der Freiheiten der schwarzen ▲-Gruppe fortfahren, die nun ebenfalls sterben wird. Weiß gewinnt die Partie mit Leichtigkeit.

If Black, mistakenly, has lost a move (for example with securing the upper left corner with ◍), or a liberty of his ▲-group (White has the additional ◉-stone now), White will – after ●1 – first capture the ✖-group, and thereafter immediately (without playing the Oki of O) continue with taking liberties of Black's ▲-group, which now will die. White wins the game with ease.

About the Publisher

Brett und Stein Verlag was established by Gunnar Dickfeld, an active Go player, in 2007 to promote Go by publishing high quality Go books in German.

We produce books for every level of player, from beginner to advanced, covering all topics from the opening to the endgame, as well as game reviews of professional games. Our focus is on books that help weaker players to get stronger.

Over the years we have produced a fine, and growing, selection of high quality Go books. With this book we publish our first Go book in English.

If you would like to support us with ideas, manuscripts, or by establishing relationships with authors, whether professional or amateur players, please contact us at: info@brett-und-stein.de.

Über den Verlag

Der Brett und Stein Verlag wurde im Jahr 2007 von Gunnar Dickfeld, einem aktiven Go-Spieler, mit dem Ziel gegründet, die Verbreitung des Go-Spiels in Deutschland durch die Veröffentlichung von Go-Büchern in deutscher Sprache zu fördern.

Wir veröffentlichen Bücher für jedes Spielniveau, vom Anfänger bis zum Fortgeschrittenen, und decken dabei alle Themen von der Eröffnung bis zum Endspiel sowie Analysen von Profipartien ab. Unser Fokus liegt auf Büchern, die schwächeren Spielern helfen ihre Spielstärke zu steigern.

Mit der Zeit entstand eine repräsentative Auswahl an Büchern in deutscher Sprache, die jedes Jahr weiter wächst. Mit diesem Buch veröffentlichen wir unser erstes Buch in Englisch.

Wenn Sie uns unterstützen möchten, mit Ideen, Manuskripten oder Kontakten zu Autoren, seien es Profispieler oder Amateure, nehmen Sie Kontakt mit uns auf: info@brett-und-stein.de

BRETT UND STEIN
VERLAG

Weitere Bücher im Brett und Stein Verlag

Lexikon der Joseki I - III
Takao Shinji ISBN 978-3-940563-15-6

Lehrstunden in den Grundlagen des Go
Kageyama Toshiro, ISBN 978-3-940563-05-7

Die Kunst des Angriffs. Strategie und Taktik im Go
Kato Masao, ISBN 978-3-940563-06-4

Nach dem Joseki
Kim Sung-rae, ISBN 978-3-940563-12-5

100 Tipps für Amateure 1-3
Yoon Youngsun, ISBN 978-3-940563-08-8

SANREN-SEI. Die Power-Eröffnung
Takagawa Shukaku, ISBN 978-3-940563-13-2

Go der Profis - 8 ausgewählte Partien kommentiert von
Yoon Youngsun, ISBN 978-3-940563-11-8

Die Schatztruhe. Nakayamas Go-Geschichten und Rätsel
Nakayama Noriyuki, ISBN 978-3-940563-02-6

Besuchen Sie uns auf unserer Webseite:
www.brett-und-stein.de